ウー・ウェン

# 本当に大事なことはほんの少し

料理も人生も、すべてシンプルに考える生活術

大和書房

# はじめに

「ちょっとお腹がすいたな」というとき、私は甘いお菓子やパンではなく、ゆで卵を食べます。家族みんなが好きだから、ゆで卵はいつも冷蔵庫に入っています。料理家なのに、って思われてしまうかな。でも考えてみてください。毎日のことですから、手をかけずお金もかけずに、できるだけからだにいいものを食べたほうがいいじゃない？　私はそう思うんです。

万事がこんな感じで、料理もライフスタイルも、考え方や生き方も、私はシンプルなほうが好きです。あれこれ欲張らない。物事を複雑にしない。

たとえば、うちの食事は変わったものを作らない。ふだんのごはんは、いつもの好きなおかずのローテーションでいいと思うのです。新鮮な材料を塩と油だけのシンプルな味つけで料理する。この繰り返しです。人とのお付き合いは、その人のよいところを見る。裏表なく、本音で生きる。いつでもどこでも誰に対しても、オープンでいる。

本当に大事なことは、ほんの少しだけです。「自分で選び、自分で決める」こと。私の選んできた暮らし方を、この本ではすべてお見せします。「こんな考え方もあるんだ！」と驚いたり笑ったりしていただいて、みなさまの心が少しでもふわっと軽くなりますように。

目次

# 2 食べること

# 3 整えること

# 4 生きること



★本書で使用している計量の単位は、1カップ＝200㎖、大さじ1＝15㎖、小さじ1＝5㎖です。

# 1 毎日すること

# 朝は早起きです。いちばん最初にやることは歯磨き。口の中は健康のバロメーターです。

朝は一日の始まりですから、朝の時間をどんなふうに過ごすかは、とても大事だと思っています。気持ちよくスタートできれば、その日一日はきっとうまくいく気がします。

早起きが好きです。昔はお弁当作りのために5時半に起きていましたが、今は起床は6時です。6時前には自然に目が覚めます。

起きたら、真っ先にするのは歯磨き。朝ごはんを食べる前にするのかですって？　そうなんです。寝ている間に、口の中では菌がたくさん増えているでしょう。これを取り除かずに朝ごはんを食べると、悪い菌まで一緒にからだの中に入れてしまうようで、どうしても気持ちが悪いのです。昼間は忙しくて、食事のあとに歯磨きができなくても、起きてすぐの歯磨きだけは欠かせません。

歯を磨くときに、舌の状態をチェックします。自分の舌をよく見たことがありますか？たとえば、舌の横側に歯のあとがついていることがあります。それは寝ている間に舌に歯が当たっているからです。舌がこうなっていたら、からだがむくみ気味（水分代謝の低下）ということ。どこかからだに不調があったり、自分でも気づかないストレスがあるときは、舌の状態にそれが現れてくるのです。逆に心身が元気なときは、舌はピンク色できれいです。

舌のチェックをしたら、歯ブラシで舌もやさしくきれいに磨きます。そして舌の状態で「疲れているな」とわかったら、その日は無理をしない。食べ過ぎない。早く寝る。そんな小さなケアで、大事に至らず健康を保てると思います。朝の歯磨きと舌チェックは北京の母から教わったこと。私も子供たちが小さいころは、毎朝舌を観察していました。

# 毎朝、500㎖の白湯を飲みます。からだの中にたまったものを洗い流して、みずみずしくなるために。

キッチンカウンターの端っこに、出しっぱなしにしている大きなコップ。毎朝、白湯《さゆ》を飲むためのコップです。ミネラルウォーターのボトルもそばにあって、その水をやかんに注いで沸かし、少し冷ましてから、コップ2杯の白湯をゆっくりと飲み干します。これは歯磨きの次に、私が毎朝必ずすること。

朝の白湯って、すごく気持ちがいいのです。本当においしい。夜間の8時間ぐらいは何も飲まず食わずですから、起きたてに白湯を飲むと、からだのすみずみにスーッと水分が

300mℓはゆうに入るガラスのコップ。白湯専用のマイコップです。

染み込んでいくのがわかります。水をもらった植物みたいにからだが生き返ります。睡眠中にたまったからだの中の老廃物も、白湯が洗い流してくれる感じがします。

冷たい水ではだめなのです。40℃ぐらいの、体温よりも少し高めの白湯です。

中国では生水を飲まず、冷たいものも好みません。飲み物でも食べ物でも、体温よりも低い温度のものをからだに入れると内臓に負担がかかり、免疫力も落ちてしまうと考えるからです。からだを冷やすのは、万病の元。冷えるからとネックウォーマーなどで外側の防寒をする人は多いですが、案外、からだの中の冷えは気にしていないのでは？　からだは外側も内側も、冷やしてよいことはひとつもないのです。

夏に冷たいビールやアイスクリームがおいしいのはわかります。実は私もハーゲンダッツの抹茶味が大好き。人生の最後にはハーゲンダッツの抹茶味を食べたいとみんなに言っているほど。でも、今は食べるのをグッと我慢しています。

子供のころ、北京のわが家の前には、夏になるとアイスクリーム屋さんがやってきました。お昼寝から目覚めた絶好のタイミングに来るのです。たまーにアイスクリームを買ってもらえることがありました。でも、しばらくおあずけ。口に入れてからも、「口の中で十分に温めてからからだの中に入れなさい」と母に言われた。それぐらい、冷たいものはとらないようにと教えられました。

近年、日本ではよく、一日2ℓの水を飲みましょう、と言われますが……。水ではなく、体温よりも温かい白湯のほうがからだにやさしいです。それに飲み方が大事な気がします。水分をとるなら、からだの中にとどまる時間が長いほうがいい。水をガバガバ飲むと、たぶんすぐにからだの中を流れてトイレに行きたくなるでしょう。それでは水分をとる意味はあまりないかもしれない。

その点、白湯は自然と、ゆっくり味わうようにできています。

朝の白湯の話にもどすと、コップ1杯250㎖の白湯をゆっくり飲んだら、私は次にお掃除をします（掃除については18ページを読んでください）。家中の拭き掃除をして汗をたっぷりかいたら、キッチンへ戻り、また大きなコップで250㎖の白湯を飲みます。

つまり、朝にトータルでコップ2杯、500㎖の白湯を飲むのです。これが私の健康法。たっぷりの白湯を体内に入れて汗をかき、シャワーを浴びてすっきりする。

長年続けている、朝6時台のルーティンワークです。

# 朝ごはんの前に、パジャマ姿で拭き掃除をします。汗びっしょりになる、私のエクサイズ。

毎朝、家中の床の拭き掃除をします。これも、きれい好きな母がやっていたのを真似して、ずっと続けている私の日課です。家がきれいだと、家族も自分も快適に暮らせるでしょう。そう思えば、掃除は苦ではありません。それに週に1回まとめて掃除をするよりも、毎朝掃除するほうが汚れがたまらず、結局はラクチンなのです。

私の掃除法は、最初にカーペット部分に掃除機をかけます。次に床にモップをかけて細かいゴミを取り、それから、かたく絞った雑巾で床を水拭きする、という手順です。

わざと大きく腕を動かして拭き掃除。ストレッチを兼ねているのです。

雑巾は、キッチンで使うふきん（詳しくは１３２ページ）の使い古しを雑巾に下ろしています。使い古しといっても、いつも洗濯や漂白をちゃんとして真っ白にしてあるので、雑巾の汚れ具合で床がどのくらい汚れていたかがわかります。

拭くときは、床に手と膝をついてガシガシ拭いていきます。手を思いっきり伸ばして、わざと遠い場所を拭くのです。車のワイパーのように腕を左右に大きく動かして。こうすると背筋や脇腹がスーッと伸びて気持ちがいい。肩や肩甲骨のまわりもよく動くから、肩こり防止にもなります。

右手で拭いたら、左手でも同じように拭きます。ときどき脚を片方ずつ、後ろへグーッと伸ばしたりもします。そう、毎朝の掃除は、私にとってエクササイズでもあるのです。家中の床を拭くのに約20分かかりますから、毎朝20分のトレーニング・ジムです。

ちなみに本物のジムには一度も行ったことがありません。ジムに使うお金があったら、お肉を買って食べたい――というのは半ば冗談として、子育てで必死でしたから、ジムへ通う余裕はありませんでした。

それでも、からだを動かす必要性は感じていました。日常生活の中で動かせないところを動かしてあげないと、からだが固まって錆びてくる感じがする。だから、時間的にも厳しい毎日の中で、少しでもからだを動かすために何ができるかを私なりに考えました。それで〝日課の拭き掃除をエクササイズにすればいいんじゃない？　掃除を一生懸命やれば運動の代わりになる。自分のライフスタイルにはこれがいちばん〟と思ったのです。

掃除機をかけるときも、腹筋を意識したり、なるべく遠くへ手を伸ばしてからだの伸びを感じながら掃除をしています。わが家は軽量なハンディタイプの掃除機を使っていますが、こうした道具を選ぶときも、自分のトレーニングのためにはどれがいいかしら、ということが私の判断基準。意外に真剣なんです。

20分の掃除タイムが終わると、もう、汗びっしょりです。汗びっしょりになったパジャマを洗濯機に入れて、シャワーを浴びます。だからウーのパジャマは、繊細なシルクではだめなんですよ。思いっきりお掃除できて、洗濯機でジャブジャブ洗えるものがいい。

体形を保つことは、お金をかけなくてもできるのです。

# 服選びには迷わないです。「中のお洋服」はユニクロ。「外のお洋服」はコムデギャルソン。

着るものは、はっきり決めています。

「中のお洋服」、つまり家の中で着るのは、ユニクロのスウェット地のロングワンピース。丈夫なコットンで着心地がよく、動きやすくて、デザインがシンプル。そしてお安い。ユニクロが好きですよ。シーズンごとに1枚2000円以下のワンピースを色違いで2〜3枚新調します。家の中ではリラックスしたいし、台所仕事や家事をするから動きやすさが大事。なのでMサイズでいいところを、Lサイズを買ってゆったりと着ています。

仕事に出るときはコムデギャルソン。個性的でどこかシックな雰囲気が好き。

毎日、仕事を終えて家に帰ると、このユニクロのワンピースに着替えます。夕食作りで服に油が飛んだりすれば、違う色のワンピースに着替えて、そのまま寝ます。そう、この「中のお洋服」はパジャマも兼ねているんです。

朝起きたらパジャマのままで掃除をして、汗をかいたパジャマは洗濯機へ。シャワーを浴びてからすぐに出かけないときは、また違うスウェットワンピース姿です。「外のお洋服」に着替えるまでは、いつも家の中ではスウェットワンピースに着替えます。毎日着て洗って……ヘビーユーズもいいところでしょう。だから「中のお洋服」とはワンシーズンでサヨナラ。次のシーズンにまたユニクロで新しいものを買う、この繰り返しです。

お客様がいらっしゃる日も、このワンピース姿のときもあります。動きやすいし、だいたいみなさん、ウーが何を着ているかなんて見ていないですから。みなさんがうちに来て見るのは、「わぁ、おいしそう！」って、お皿の中だけなんですから。

ただし秘密兵器がありまして、そのときは、このワンピースの上にエプロンをするのです。リネンで、シンプルなデザインのロング丈の大好きなエプロン。フランス製で、旅行に行ったら必ず買って帰るお気に入り。同型の色違いをたくさん持っていて、きれいな色のエプロンをつけるだけでおもてなしスタイル完了です。

「外のお洋服」、つまり仕事着も、迷いません。昔からずっとコムデギャルソン一筋。

これには理由があります。日本に来た30年前には、私が着られる服がなかったのです。身長167センチで、背丈から選べば服のサイズは13号。でも身幅で選べば7号がフィットします。このアンバランスさに加え、私は手足が長くて13号でも足りないぐらい。海外ブランドならサイズ的には合うものもありますが、イタリアブランドなどの洋服はおっぱいの大きい人ならかっこよく着られるけれど……私にはどうも馴染みません。

そこでたどり着いたのがコムデギャルソンです。このブランドの服は女性らしさを意識していないし、30年前にはわざと袖の長いデザインを作ったりもしていた。黒や白が好きなので、モノトーンの服が多い点も私にちょうどいい。こうした理由から「外のお洋服」はコムデギャルソン一択になりました。流行に左右されないデザインなので、30年前、20年前の服をいまだに着ていて、「可愛いですね」と褒めていただいたりもします。

衣類は増える一方で収納に困っているという話をよく聞きます。でも、私のようにワードローブがシンプルだと、何を着ようかとコーディネートに悩むこともないし、余計なものが増えなくていいのです。

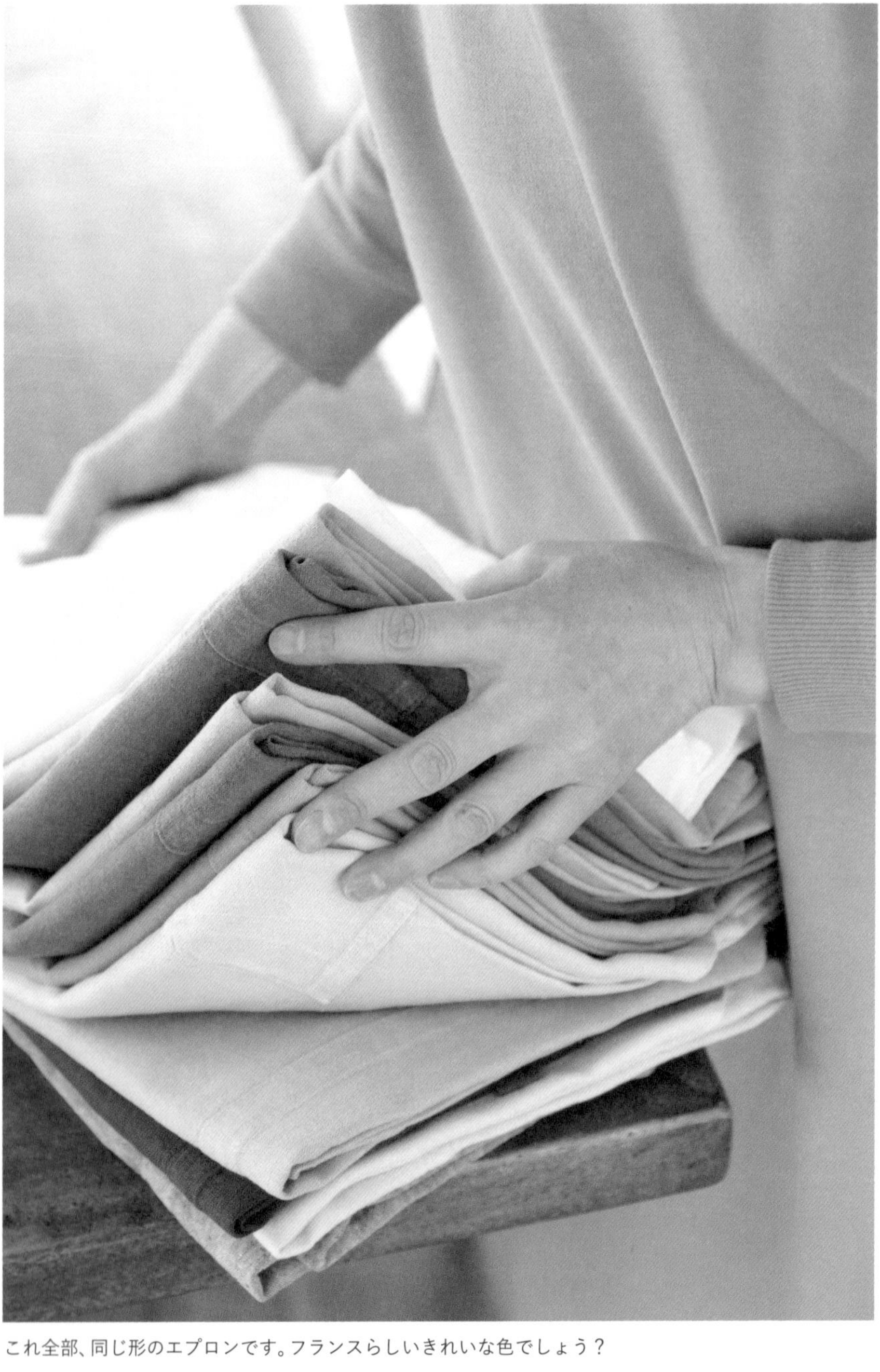

これ全部、同じ形のエプロンです。フランスらしいきれいな色でしょう？

四角いリネンの両サイドを折って、ヒモをつけただけのシンプルなデザイン。

# 一日に2キロ太る体質ですよ。だからすごく気をつけてる。

スレンダーですね、と言っていただくとうれしいです。すごく気をつけていますから。私は食べるとすぐにからだが吸収しちゃう体質。内臓の働きがよいのか、太りやすい。食べ過ぎると、一日で体重が2キロ増えていたりします。1キロ、2キロは本当にすぐに増えます。3キロまでならいいのだけれど、3キロ以上増えると〝危険〟です。ちょっとやそっとでは体重を落とせなくなる。だから日頃から気をつけているんです。

毎朝必ず体重計に乗ります。食べ過ぎていて乗りたくない日もありますが、体重計は手遅れになる前に〝危険〟を知らせてくれるもの。絶対に乗るように、忘れないように、体重計は洗面台の下を指定席にして、いつも出しっぱなしにしています。

太らないためには、食べる「量」と食べる「時間」が重要だと思っています。食べる量は私はそれほど多くはありません。38ページなどでご紹介しますが、50歳を過ぎてからは基本的に野菜、ドライフルーツやナッツ、じゃこ、チーズ、ゆで卵などをバランスよく食べています。お肉も、ゆで鶏などヘルシーな調理法でいただきます。

問題は夕食をとる時間です。夜遅く食べて、すぐに寝るような生活はてきめんに太る。だから昔から、夜8時以降は何も口に入れません。それをするためには、仕事を遅くとも夕方5時には終えて、夕食を7時に食べ終わりたい。子供が小さいころからそうしてきましたし、今もほとんど同じです。こんなふうに意識的に生活のリズムを作ることは、なかなか難しいと思いますが、健康管理にも体型管理にも大事なこと。年齢を重ねればなおさらです。

たまに仕事のお付き合いで会食をすることもありますが、それはそれで大いに楽しみます。そして翌日は食事をおかゆにする。朝の掃除に精を出し、食事を控えて内臓を休ませて、夜は早めに寝る。これを数日続けるうちに体重も自然に減ってくれます。

# 姿勢よく立つ。はっきり話す。可愛い老眼鏡をかける。これだけでやる気が出るんです。

姿勢よくスッと立つこと、座ること、歩くこと。いつも心がけていることです。意識しないと、実は私も姿勢が悪いんです。若いころはそうでもなかったのですが、子供を産んでから、やはり抱っこをしたり、お風呂に入れたり、子供と向き合うときは背中が丸くなりますよね。その癖がなかなか取れない。人前に出ないときは、放っておくと猫背になっていることがよくあります。

人の前では、やっぱり元気な自分を見せたいですから、〝姿勢よく〟を心がけます。姿

クッキングサロンの事務所でデスクワーク中の私。眼鏡、似合ってますか？

勢が悪いと、元気がないように見えてしまう。それは仕事を持つプロとして、社会人として、よくないと思うのです。

人と対するときは元気よく、明るく、楽しく。みんなで笑顔でよい時間を過ごせれば、その日一日が幸せです。だからクッキングサロンがある日は、私はからだの調子がいいんですよ。みなさんの前で背筋を伸ばして姿勢よく、明るく元気に、みんなで笑って過ごしているからです。姿勢がいいと内臓の働きもよくなるし、気持ちが前向きになる。シンプルなことですが、これはすごく効果があると実感しています。

話し方も同じです。よく、語尾を濁したり、声が小さくて聞き取りにくかったり、口の中でモニョモニョ話している人がいますが、すごく損をしていると思います。聞き取りにくいのは、相手を不快にさせるだけ。言葉遣いが間違っていたとしても、きっと許してもらえます。私もときには、おかしなことを言っているかもしれない。何しろ外国人ですので。

でも、相手に届くようにはっきりと話せば、言いたいことの真意は伝わります。間違いも笑ってもらえれば、その場がふっと和みます。

気分が塞いでいたり、あまり調子のよくない日、疲れがとれていない日が私にもあるんです。そういうときこそ、〝姿勢よく〟です。相手の目を見て、はっきり話すのです。そのうちにモヤモヤがとれて、気分がすっきりして、元気が出てくるから不思議です。姿勢や話し方は自分をシャンとさせる魔法ですね。

洋服も魔法でしょう。お外ではちょっとカッコつけないとダメじゃないですか。おしゃれには我慢が必要——と言われるけれど、確かに「外のお洋服」はシルエットが少し窮屈だったりする。それが自分の気持ちを律するし、姿勢もよくしてくれると思う。

だから私は「外のお洋服」の着古したものを、「中のお洋服」に格下げすることは絶対にしないです。着古したらサヨナラです。「外のお洋服」は家の中でリラックスするときには着たくない。逆に「外のお洋服」がリラックスを優先したものですと、だらしなく見えがちですし、どうも気持ちが引き締まらないのです。

おしゃれは気分を上げてくれるもの。私はアクセサリーはめったにつけませんが、その代わり、老眼鏡でおしゃれをします。老眼鏡にはネガティブなイメージがあるかもしれないけれど、逆に楽しんでしまえばいいのです。流行のデザインや、カラフルな可愛い老眼鏡をかけると「さあ、やるぞ」と前向きな気持ちになれます。おしゃれを味方につけて。

# 老眼鏡はＪＩＮＳですよ。足のネイルサロンは唯一の贅沢。私流の「気分が上がる」仕掛けです。

眼鏡はもっぱらＪＩＮＳで、５０００円ぐらいのものを買っています。最初のうちは、お高い老眼鏡を作ったりもしたんですよ。でも、なくすの……。移動中に紛失ということがたびたびあって、がっかりして、考え方を変えました。

老眼鏡は家の中のあちらこちらに置いて、必要なときにサッとかけられたほうが便利です。それに老眼鏡はいつもかけているわけではないですから、冒険ができる。

いかにも「かけてます」というような大きなフレームにしてみたり、あえて自分のイメ

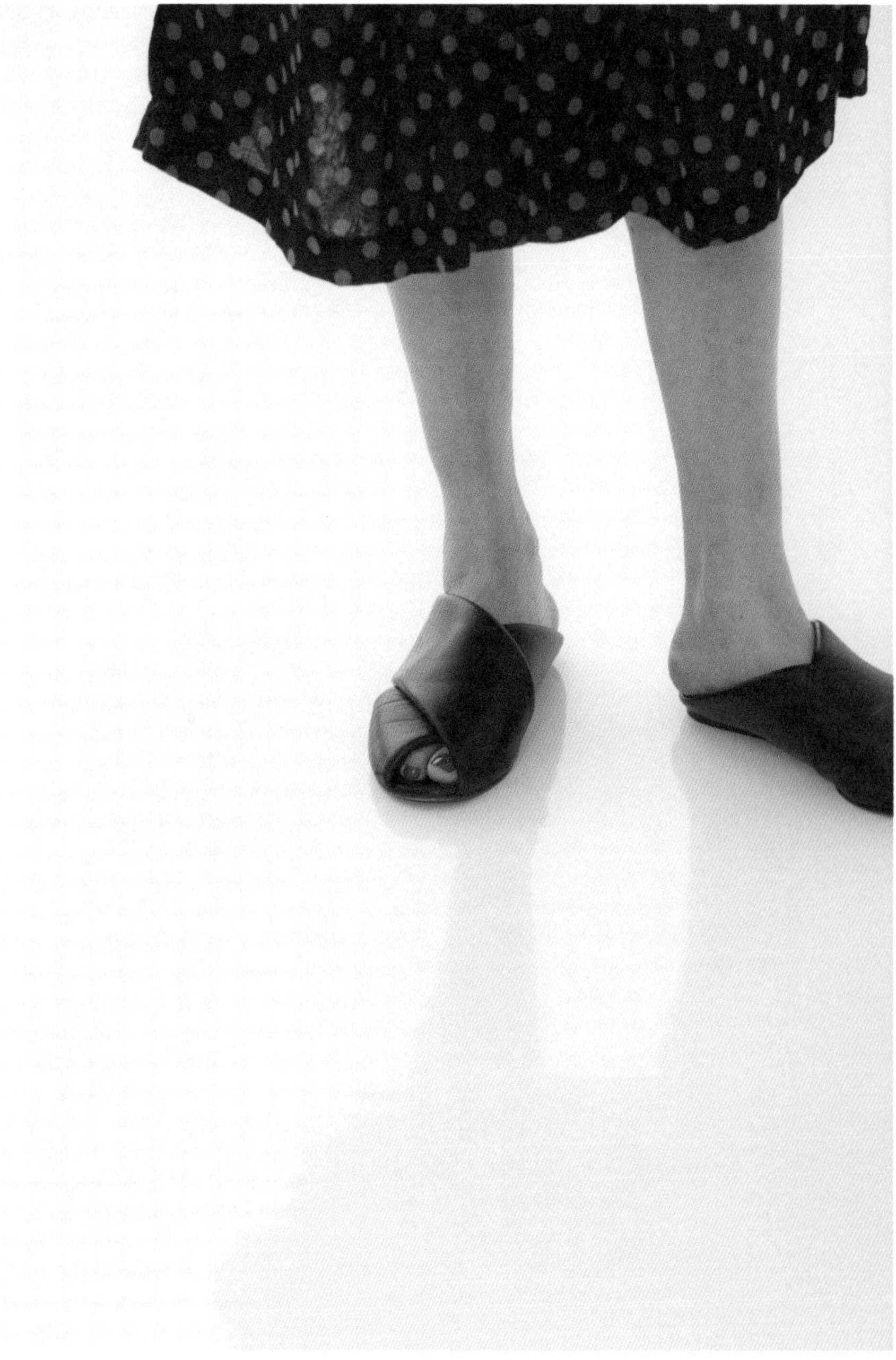

隠れたおしゃれ。「自分を喜ばせるために」欠かさないペディキュア。

ージとは違うようなハードなデザインにしてみたり、カラフルな色を試してみたり。洋服で冒険するのは難しいかもしれないけれど、老眼鏡は遊んでいいと思うんです。幸い、若い人が好むリーズナブル価格の眼鏡店には、流行をいち早く取り入れたフレームがたくさん並んでいます。それで、老眼鏡は安いものがいい、気軽に買っていろいろ楽しむのがいい、と考えたわけです。

中でもJINSが私は好きです。いろいろな形や色の眼鏡をいくつも持っています。ウーのJINS研究の結果、最寄駅の駅ナカにあるJINSと、原宿にあるJINSは品揃えがちょっと違うようです。原宿店のほうがおしゃれなものがあるみたい。なので車で通りかかると「新作が出たかしら」って、必要でもないのに、時間もないのに、車をとめて原宿店にちょっと寄る。結構しょっちゅう行っています。眼鏡選び、いや眼鏡遊びには一生懸命です。

一生懸命といえば、ネイルサロンもそうなんです。エステには行ったことがないですが、ネイルサロンには気分転換を兼ねて行きます。私の唯一の贅沢かもしれません。

手の爪は、仕事柄伸ばすこともできないし、マニキュアは塗れないので、磨いたり、甘皮を取ってもらったりするだけです。足の爪には色をつけます。ペディキュアは好き。私は性格も見た目も女らしいほうではないと思いますが、そんな私が密かにペディキュアをしている、っていうのが意外性があって面白いでしょう?

ネイルサロンはだいたい1か月半ごとに行きます。もっと頻繁に行く人もいるのかな。でも、もう20年以上続けていますから、私にとっては一生懸命なんですよ。真冬でもペディキュアをしに行きます。冬は足の爪は見えないからほったらかし、というのは嫌なんです。

誰に見せるでもなく、自分だけのために。洋服も眼鏡も同じで、人に見られるからではなく、自分の「気分が上がる」からおしゃれをする。気分がいいから、爪をきれいにしてペディキュアをするんです。

エステに行ったり、お肌にパックをすることが好きなら、その時間を「自分のために」作ればいいと思う。習い事でもお手入れでもなんでも、自分のための楽しみを持っている人は、どこか豊かさがある気がします。日常や実用からふと離れて、心を遊ばせる隙間のようなものは、年齢を重ねるほどに必要であると思います。

# 「お昼に何食べた？」とは聞きません。その代わり、朝ごはんは野菜たくさん！

健康を作るのは、家のごはんです。本当にそれしかないんですよ。これは私の揺るぎない信念ですから、家族のために一生懸命ごはんを作ってきたし、からだにいい料理や食べ方をみなさんに紹介してきました。

食事は1食だけでなく、朝と昼と夜、昨日と今日と明日が連続しているものです。「昨日は油っぽいものを食べたから、今日は野菜中心でさっぱりいこう」とか、「家族が少し風邪気味だから、しょうがのスープを作りましょう」とか、そのときどきで調整できるの

夕食時に野菜を蒸したら、少し取り分けておく。翌朝軽くソテーすれば朝ごはんにぴったり。

が家庭料理の素晴らしいところです。

外の食事だとそうはいきませんよね。外の食事は、あなたの体調を考えて作ってくれるわけではないのです。もちろん私も外食をしますが、それは家では作らないような非日常の食事を楽しむためです。

私の考えでは、気軽に食べられるランチは炭水化物や油分が多いと思います。いくら「健康のためを考えてお昼を選びましょう」と言っても、外食でそれをするのは現実的な話ではないでしょう。ですから、家でお昼を食べるときは良質なたんぱく質中心の食事を心がける。一方で家族に「お昼に何食べた?」と聞くことを私は早い段階でやめました。外でのランチには目をつぶる。その代わり、朝ごはんは野菜たっぷり、です。

たとえば、じゃが芋、かぶ、にんじんなど、そのときにある野菜を湯気の立った蒸し器に入れます。まずは10分ほどたったころに蒸し器からかぶを取り出し、そのあと、火の通った順に野菜を取り出してお皿に盛ります。

かぶの葉っぱはビタミン豊富ですが、蒸してもおいしくないんですよね。だから細かく切って油で炒め、しょうゆと塩少々で味つけ。野菜を蒸している間に炒め物が作れます。

蒸し野菜を大皿に盛り、オリーブオイルと塩をかけて。かぶの葉っぱ、発酵食品のチーズ、たんぱく質のハムやゆで卵をその日の気分で添えます。さらに良質な油脂であるナッツ、ミネラルや食物繊維の宝庫であるドライフルーツを散らせば、見た目もきれいなワンプレート朝ごはんのできあがり。あとはパンやヨーグルトなど、食べたいものを食べます。これだけの野菜と、栄養バランスのとれたものを朝に食べていれば、ひとまず安心です。「蒸す」という調理法は、実はとてもラクなのです。何しろ、蒸し器に入れておけばいいんですから。手が空くので、蒸している間にかぶの葉っぱを炒めたりできるわけです。それにシンプルに「蒸す」のが、野菜はいちばんおいしいし、ヘルシーです（詳しくは88ページへ）。うちはいつも蒸し器をキッチンに出しっぱなしにしています。

もうひとつ、わが家の朝ごはんにはポイントがあります。それは大皿ワンプレートということ。なぜ大皿かと言いますと……朝から洗い物をたくさんしたくないでしょう。だからおしゃれな洋皿や、イギリスのブルーウィローの大皿をよく使います。柳の木のあるアジアっぽい風景が藍で描かれたブルーウィローは、私の大好きな器です。好きなお皿で野菜をたっぷりと！　朝から健康的に気分よく過ごす工夫です。

# 夕食作りに悩んだことはないです。夜はたんぱく質のおかずと野菜スープがあればいいから。

「朝ごはんはたっぷりと。お昼はよいものを。夜は少しにしましょう」。一日3食のバランスを表したこんな言葉が中国にあります。

一日の始まりである朝は、活動のエネルギーを蓄えるためにたっぷりと食べる。お昼の「よいもの」というのはたんぱく質のこと。お昼にご飯などの炭水化物をたくさん食べると、午後は眠くなりませんか？　ですから炭水化物は控えめにして、良質なたんぱく質を昼に適量とる。夜は、あとは眠るだけなので少し食べる程度でいい。とても理にかなっている

いろいろな野菜を小さく切って煮込むだけのスープ。これがあれば百人力。

と思いますし、私もこのバランスで食事をとることが身についています。

子供たちが小さいころも、3食のバランスは基本的にこの考え方でした。たとえば夕飯に子供たちが好きなハンバーグを作ったら、あとは野菜スープがあれば十分でしょう、と。夜は肉や魚などのたんぱく質のおかず1品と、野菜スープがあればいいと思うのです。

だから、「今夜は何を作ろうかな」と献立に悩んだことが私はないのです。昨日がお肉なら今夜は魚にしてバランスをとる。子供が少し風邪っぽいときは、しょうがのスープを作る……というふうに、健康のことを考えれば、その日に作るものは自然に決まってきます。

食事は「健康を作る」ものです。健康的な献立を作るときに便利なのがスープです。スープは時間があるときに作っておくことができるし、温かい水分ですから、からだの中を温めてくれます。野菜不足を感じたら、生野菜のサラダを食べるよりも、野菜たっぷりのスープを飲んだほうがだんぜんいいです。おすすめです。

わが家で週に2回は作る、野菜スープをご紹介しましょう。

玉ねぎ、にんじん、セロリ、セロリの葉、ごぼう、パプリカ……野菜はそのときにあるものでなんでもいいです。全部、細かく切ります。鍋にオリーブオイルをひいて、野菜をサッと炒め、かぶる程度の水を加えます。だし昆布を小さく切って加え、干ししいたけも小さく切って入れます。これは「だし」の役目です。野菜からもうまみが出ますが、昆布やしいたけのうまみが加わることで、いっそうおいしくなります。乾物も小さく切れば、すぐに火が通ってだしが出やすいですし、具としても食べられるからいいのです。

野菜が煮えたら、塩少々で味つけします。これで完成。食べてみてください。「えっ、野菜だけでこんなに甘くておいしいの?」と驚きますよ。こういう料理は分量は量りません。目分量で作ってもおいしくできます。

だしをとらないと、おいしいスープはできないと思っていたら大間違いです。野菜だけでも、たっぷり入れることでうまみが出ます。レタス1種類のスープでも、レタスをたくさん(丸ごと1個分とか)入れることでおいしくできる。少しうまみが足りないな、と感じる人は顆粒のスープの素などをほんの少し加えてください。これで十分です。

# 風邪をひかず、冷え性でもないのは、冷たいものをとらないからです。ヨーグルトも食べる前に冷蔵庫から出しておく。

お恥ずかしい話ですけれど、私は風邪をひいたことがないのです。なぜ、恥ずかしいかと言うと……日本ではおバカさんは風邪をひかない、と言うでしょう。この言葉を聞いたとき、まあ！と驚きました。私のことか、って。ちなみに子供たちも風邪をひいたことがないです。

でも、自分も家族もそれだけ健康ということは、やっぱり食事に気をつけているからだと思います。

ヨーグルトは口いっぱいに入れたい。ベトナムの水牛のれんげがぴったりなんです。

日本の女性には冷え性が多いようですが、私は冷えというのも感じたことがないです。一年中、素足でいるのでスタッフに驚かれます。ストッキングは苦手です。しめつけられる感じがして。冬はもっぱら靴下にパンツスタイルです。

私が冷えを感じず、風邪をひかないのは、からだを冷やさないからだと思います。冷えは万病の元です。だから、この本の最初のほうにも書きましたが、私は自分の体温より温度の低いものは口にしません。外側ではなく、からだの内側から冷えを予防しないと意味がないと思います。

大事なことなので繰り返し言いたいのですが、体温より温度の低いものは口にしない。これは中国人の鉄則です。36・5℃ぐらいかな、それよりも温度の低いものをとると内臓が冷えてしまう。すると内臓を温めないといけないから、からだがすごく体力を使う。体温が下がると免疫力が落ちてしまい、ひいては病気につながる——こう考えるわけです。

夏に冷たいビール？ とんでもないことです。うちのクッキングサロンは夏でもみなさんに温かいお茶をお出ししています。ちなみにクーラーは入れません。除湿だけ。それで温かいお茶を飲むから汗をかくけれど、みんな「このほうが気持ちがいい」「ここに来ると調子がよくなる」と言いますよ。

お蕎麦屋さんへ行っても温かい麺を食べることが多いです。冷えたシャンパンも白ワインもいただきません。お酒を飲むとしても、常温の赤ワインを少しだけ。うちの冷凍庫には氷はありません。飲み物に入れないし、食べ物を冷やすこともしないですから。

私はヨーグルトが好きです。発酵食品でからだにいいので、朝ごはんによく食べます。ヨーグルトも冷えているのはよくないですから、食べようと思ったら少し前に冷蔵庫から出しておく。常温に近づけてから食べるんです。

みなさんも冷たいものをやめてみてはいかがですか？　1日や2日でからだが変えられるわけではないですが、でも変えようと思えば今日からでも始められる。冷たいものをやめると、1か月後の健康状態が違うはずです。冷えも解消されているかもしれない。2週間後ぐらいから、からだの調子がいいことを実感できると思います。自称〝ヤブ医者〟ウーの言うこと、信じてみてください。

# 風邪をひきそう、と思ったら、温かい水分＝スープをとります。それから、ぐっすり眠ること。

私は風邪をひきませんが、「ん？　あぶないかな？」と感じることはもちろんあります。風邪はからだの不調です。どこが悪いというわけではなく、邪気が入って不調を起こしている。不調は取り除かないと万病の元です。「風邪かな」と感じたらすぐに対処しなければなりません。

水分をとること。からだを温めること。眠ること。風邪のひきかけを乗り切るには、この3つが効きます。この3つしか〝くすり〟はないのです。

まるでポタージュみたいな、しょうがと長芋の豆乳スープ。からだが芯から温まる。

中国のお医者様は「風邪をひいたら湿度を上げてください」と言います。風邪には乾燥が大敵ですから。湿度を上げる＝加湿器、と連想しますか？　違うんです。日本の場合はそもそも気候風土がおだやかです。「冬は湿度が30％しかないから加湿器が必要」と思いがちだけれど、私が生まれ育った北京なら「湿度が30％もある！」という感覚です。10％以下の日が決して少なくないですから。ヨーロッパも北京と同様に湿度が低いですよね。そうした土地では加湿器の加湿では間に合いません。空気が乾燥しきっていて。

ではどうするか。食べ物で加湿するのです。

温かい水分をしっかりとって、内臓を元気にしてあげる。内側から潤すわけです。北京の母は冬になるとよく、しょうがやれんこんのスープを作ってくれました。しょうがはからだを温めてくれる食べ物、れんこんはのどによい食べ物です。スープ＝温かい水分ですから、しょうがやれんこんのスープは風邪予防にうってつけです。

大学受験のころも、私が風邪をひかないようにと、母が毎晩せっせとスープを作って食べさせてくれました。れんこんは皮をむいて、しょうがは皮つきのまま、それぞれポリ袋に入れて麺棒でトントンと叩きます。これを水に入れて鶏がらスープの素を少し加え、水から煮出します。味つけは粗塩、こしょう、ごま油だけ。野菜は叩くことで繊維が崩れて、からだにいいエキスがスープに出やすくなるのです。れんこん250gに対して、しょうがを50g、水は4カップほど入れます。飲むとたちまちポカポカしてくるスープです。私も冬に空気が乾燥してくると、このスープを作って風邪を予防します。

しょうがと長芋の豆乳スープも、やさしい味でおすすめです。お腹にたまるので、食欲のないときはこのスープを飲むといい。長芋は消化酵素が多く、胃腸を整えてくれる野菜です。体調のよくないときに向きます。

作り方は簡単。調製豆乳500㎖を鍋に入れて温めます。無調整豆乳だと固まってしまうことがあるから、調整豆乳を使ってください。豆乳は煮れば煮るほど、香ばしさが出ておいしいです。膜ができないように混ぜながら、中火ぐらいの火加減でゆっくりと、少しとろんとしてくるまで煮ます。煮ている間に長芋200gぐらいとしょうが1かけを皮をむいてすりおろします。

豆乳が沸いたらすりおろした長芋を加え、混ざったらしょうがを加えて加熱します。仕上げに塩をふり、パセリを散らします。一度食べたら絶対にまた作りたくなるおいしさ。このスープを飲んで、早めにベッドに入ってぐっすり眠れば「風邪っぽい」のも吹き飛びます。

# 買い物は毎日少しだけ。冷蔵庫が空っぽだと、「君、何が食べたいの？」とからだに聞くことができるんです。

買い物には毎日行きます。「忙しくしているのに、よく時間がありますね」と人から言われるけれど、最寄り駅まで歩いて、駅ナカのスーパーでその日に必要なものをほんの少し買ってくるだけだから、20分とか30分程度の所要時間です。

なぜ毎日買い物をしたいかというと、買い物は私の息抜きなんです。仕事を終えていったん外に買い物に行くことで、頭がようやくリセットできる。仕事モードから家モードに切り替えられる。毎日ちょっとでも外出して、スーパーで旬の野菜を見るだけで気分転換

すぐ使う分しか買わないから、野菜を冷蔵庫に入れなくてすむことも多いです。

になるのです。

毎日買い物に行くのには理由がもうひとつあって、冷蔵庫に残っている野菜のために料理を作りたくないからです。その日の食事は、その日の自分や家族のからだの状態に合ったものを作りたい。

まとめ買いをしていろんなものが冷蔵庫の中にあると、「かさばるキャベツを先に使わなきゃ」とか「豚肉は今日食べてしまいましょう。そうしないと悪くなる」とか、どうしても〝食材のために〟料理を作ることになります。同じ理由で、安売りだからといって食品を買うこともしません。

家庭料理は健康を作るもの。健康のためにそのときに食べたいもの、そのときにからだが必要としているものを食べるのが、家のごはんのあるべき姿です。残り野菜のために献立を決めるのでは、家庭料理の素晴らしさが半減してしまいます。

だから、私の買い物は毎日少しだけ。その日に使うものか、翌日に使う予定のものしか買いません。特に野菜は〝鮮度を買う〟ものだから、まとめ買いはしない。新鮮な野菜を買ってきて、新鮮なうちに食べきってしまうのがいちばんです。

キャベツならキャベツだけを炒める。にんじんだけを和え物にする。レタスだけをスープにする。私の料理は1種類の野菜をたっぷり食べるレシピが多いから、新鮮なうちに食べきれるし、その野菜のうまみを味わえるし、冷蔵庫の中に野菜がたまらないのです。

ある日の買い物の例を出すと、夕飯に肉団子（作り方は98ページ）を作るとしたら、買ってくるのは鶏のひき肉とキャベツ、翌日使いそうな豆乳や卵。一度に買うのはその程度。先を見越した買い物は2日が限度です。献立を先の先まで決めることはしません。しないというか、できない。だって自分の体調は予測ができないですから。

うちの冷蔵庫はいつも空っぽです。冷蔵庫に何も入っていないと、自分のからだに聞くことができるんです。「君、何が食べたいの？」って。すると、からだが教えてくれます。冷蔵庫の中にいろんなものが入っていると、からだの声ではなく、頭で考えて料理を作ることになってしまう。それは本当に自分に必要なものなのか、自分の健康にいい食事なのか。〝なんにもない〟ことは実はとても重要です。

## 寝る前にクリームは塗りません。肌は呼吸させるのがいちばんじゃない？お風呂に入ったら、乾燥する前に寝るんです。

仕事を終えて家に帰り、夕食を8時までにすませたら、お風呂に入って、だいたい11時までにはベッドに入ります。夜のお肌のお手入れ？　特にしません。化粧水をつけて、ドラッグストアで売っている「オバジ」というビタミンCを塗るだけ。

パックはしたことがないです。20分も30分もじっとしているのは時間がもったいないと思ってしまう。保湿クリームも塗ったことがないですよ。顔やからだにリッチなものを塗ると、お布団が汚れちゃうでしょう。それに肌は呼吸をしているから、あまりあれこれつ

これが噂の（？）「メディカル枕」。この大きさが安眠のポイントです。

け過ぎないほうがいい、というのが私の考えです。甘やかさないで呼吸をさせたり、汗を出させたりして働かせたほうがいいんじゃない？って、そう思っています。

それよりも大事なのは、お風呂に入ったらすぐに寝ること。せっかく温まったからだも時間がたつと冷えていくし、乾燥していくでしょう。温かいうちにベッドに入ればからだも冷めないし、お布団の中で蒸されるようになるので乾燥もしない。肌だけでなく、からだの中の養分もきっと温かくなって、活性化してくれると思います。睡眠に対して、そんなポジティブなイメージを私は持っています。

食べることと寝ることが健康の要ですから、寝具も自分にとって気持ちのいいものを選びます。

枕はみなさん、どんなふうに選んでいますか。枕は大事だと思うんですよ。テレビの健康番組や通販番組でよく枕の選び方についてやっているし、デパートの寝具売り場へ行くと、うんちくをたくさん聞かせていただけます。それでよさそうと思って、私もいろいろ買ったりしたんですけど……わからないです、本当に。「いいですよ」と言われて買っても、長く使ううちに首が凝ったりもするし。だからもう、嫌になっちゃって。

結局、わりと長く使っているのは、『通販生活』で売っている「メディカル枕」という商品。私がこれまでに収集した枕情報の中で、唯一納得したのは「首が長い人は枕が低いほうがいい」ということ。「メディカル枕」は厚みがそれほどないんです。真ん中が少し凹んでいるのも、私の首を支えるためにはいいかなと思う。そして何しろ大きいのです。頭をどこに動かしても下は枕、そのぐらい大きいのが気に入っています。

だからと言って、正直なところこの枕がベストかどうかわかりません。これよりもいい枕も探せばあるのかもしれませんが……まあ、いいかな。値段が変に高いわけでも、変に安いわけでもない点もなんだか安心できる。

家族全員、この枕を使っています。家族の感想は聞いたことがないですが、特に文句も出ていないですし、私のうちのものは私が決める（笑）。

ちなみに枕以外でも、タオルでもなんでも、私は家族がバラバラのものを使うのが好きではないです。もちろんお客様もそう。〝来客用〟は作らずに、みんな同じものを使う。これは住まいを快適にする収納にも関係することですから、3章で詳しくお話しします（156ページ）。

# 2 食べること

# 世の中でいちばん大事なのは家のごはんです。頭ではなく、からだに聞いて作れば家庭料理は必ずおいしくできます。

結婚するまで、私は料理をしたことがありませんでした。食いしん坊で料理好きの母が、家族のためにせっせと料理を作ってくれました。中国にはご存じのように〝医食同源〟の思想があり、口からからだに入れるものはすべて、健康につながると考えられています。難しく考えなくても、私たちのからだを作っているのは食べ物ですから、何をどう食べるかによって、健康になったり、逆に健康を損なったりするのは当然です。

中国の中でも北京は、すっきりとしつつも深い味わいの料理が特徴です。家庭料理ならなおさら、白菜の茎だけを炒めて、黒酢を隠し味に使い、塩とこしょうで味つけするようなシンプルでやさしいおかずを作ります。母の作る家庭料理は本当においしい。そして夏ならからだの中の熱を外に出す瓜系の野菜を使ったり、冬ならのどを潤してくれるれんこんを使ったり、生理のときには血の道にいい小豆のおかゆを作ってくれたり……季節のめぐりや体調に合わせて、日々の食事を調整してくれました。

北京で生まれ育った私は、北京師範大学を卒業し、将来はカナダあたりに留学したいな、と考えていました。それが運命に導かれるように日本へやってきて、日本人と結婚し、子供が生まれ、さあ今度は自分が家族の健康を支える番、となりました。

料理をしたことがなくても、母の料理を食べ、母が料理をする姿を見てきたので、私も次第においしいごはんを作れるようになりました。誤解を恐れずに言えば、それはある意味、とても簡単なことでした。家族や自分のからだに聞いて、その日に使う新鮮な材料を少し買って、からだの求めるシンプルな料理を作る――。これをすれば、おのずとおいしいものは作れるのです。

頭で作ろうとしないこと、情報で作ろうとしないこと。からだに聞くことです。私の料理は本当にシンプル。そして経済的です。そのノウハウをこれからご紹介します。

# 塩、油、酒、しょうゆ。調味料は数種類でいいんです。そのほうが素材の味を感じられる。

家で作りたいのは、あまり味がなくて、素材のおいしさがわかる料理です。「味がない？おいしくないいんじゃない？」と思う方もいるかもしれませんね。私の言う「味がない」とは、「味をつけ過ぎない」ということです。

確かに外食に慣れていたり、市販のお惣菜の味や、市販の合わせ調味料の味に慣れ親しんでいると、ほんの少しの塩だけで味つけした野菜の和え物は「味がしない」と思われるかもしれません。市販のものは、誰でも一口食べて「おいしい」と感じるように、濃いめ

ピンクがかった粗塩がうちの定番。小さな塩壺に入れてコンロのそばが指定席。

に味つけがされているものが多いです。また、時間がたってもおいしく感じられる料理は、たいてい濃いめに味つけしています。だからこそ、家のごはんはあまり味がないほうがいいと思うのです。調味料の味ではなく、素材が持つ自然のうまみを家族に味わって欲しい。そのほうがからだにやさしいと思います。

私が使う調味料は基本的に数種類です。塩、油、酒、しょうゆ、黒酢、はちみつ。中でも、基本中の基本が塩と油です。炒め物も、和え物も、スープも、塩と油さえあれば十分なことが多いのです。

たとえばフライパンに油をひいて、キャベツを炒め、キャベツがつややかになったら最後に塩をパラパラとふる。これだけです。これだけでいいんです。キャベツの甘さがすごくよくわかりますよ。何も変わった調味料を入れる必要はありません。変わった料理は飽きるでしょう。目先の変わった料理を作るために安くない合わせ調味料などを買って、使い残すのはもったいない。家庭料理は毎日食べても飽きないものにしましょう。

小松菜でもほうれん草でもじゃが芋でも、なんでも同じです。油と塩だけで調理してみてください。最初は「あまり味がない」「物足りない」と思ったとしても、よく味わっているうちに、じゃが芋の甘さ、小松菜の強いうまみ、ほうれん草のほろ苦さがわかってくるはずです。味つけが薄いと、自然の素材の持つ味わいがよくわかるのです。私たちの誰もに備わっている味覚が研ぎ澄まされてきます。

塩と油の味つけを基本として、ときには仕上げにこしょうをひいたり、カレー粉などのスパイスを加えたりして味のアクセントをつければ、料理のレパートリーはぐんぐん広がっていきます。家庭料理はその程度の広がり方で十分ではないでしょうか。レストランで出てくるような凝った料理を家で食べる必要はないと思います。

ほかの調味料についてもご説明しましょう。酒（日本酒）は、野菜や肉にやわらかく火を通したいときに、〝うまみを含んだ水〟として使います。しょうゆは塩分であると同時に、うまみの強い調味料として使います。黒酢は私の料理に欠かせないもの。隠し味的に黒酢を使うことで素材のくせをとったり、発酵食品のうまみを加えます（黒酢について詳しくは114ページ）。はちみつは甘みです。料理にちょっと甘みをつけたいとき、天然素材のはちみつを使うのが私は好きです。

これらに加えて常備しているのは、みそ、豆板醤《とうばんじゃん》、オイスターソース、甜麺醤《てんめんじゃん》、無添加の鶏がらスープ。料理の味わいに深みを出してくれる調味料たちです。

# 良質な油をとることはとても大事。生搾りのごま油を使ってみてください。

冷たいものをとらないようにすると、2週間後には体調が変わってきますよ――と49ページに書きました。もうひとつ、毎日の食事で私が強くおすすめしたいことがあります。それは良質な油をとることです。

とり過ぎは禁物ですが、適量の油は必須な栄養です。油はからだの細胞を作ったり、ビタミンを吸収するのに欠かせない成分ですし、肌はもちろん内臓にも潤いを与えてくれるもの。からだの中の働きをスムーズにしてくれる、文字通り〝潤滑油〟なのです。

炒め物には生搾りで無色の太白ごま油を。風味づけには茶色いごま油を使います。

良質な油とはどんな油でしょうか。何から作られている油なのか原材料がわかって、1種類の材料から作られているものがいいと思います。たとえばオリーブオイルだったら、オリーブで作られている。ベニハナ油ならベニハナの種子から作られている。米、菜種、コーン、ピーナッツ、えごまなど油にもいろいろな種類があります。

私はオリーブオイルも使いますが、オリーブオイルは果実からとる油ですし、ヨーロッパの地中海沿岸あたりが産地だし、私たちの3食を土台で支えてくれる油ではないと思います。やはり西洋料理に向くと思うのです。

基本の油として私が使っているのは、ごま油です。農耕稲作文化の東洋人には、穀物のごまからとった油がいい。ごまにはみなさん馴染みがあるでしょう。ふだんの食事にはその国や土地でとれるもの、古くからあるもの、風土の食文化に即したものをとるほうが安心です。古くからある食べ物＝その土地の人たちの命を支えてきたもの、ですから。

ごま油には2種類あるのをご存じですか？　ひとつは、ごまの香りが高くて、茶色が濃いごま油。ごま油と聞いて、みなさんがイメージするのはこちらかな。ごまを焙煎してから圧搾するので、色が濃く、なんともよい香りがします。

もうひとつは、生のごまを圧搾してとった油。太白《たいはく》ごま油がこれで、白というか透明に近い色をしています。香りはほとんどなく、くせがありません。それでいて、さわやかなうまみがある。私が料理に使うのは、もっぱらこちらの白い太白ごま油です。

日本に来たばかりのころ、自分の料理がいまひとつおいしくできないのを感じていました。当時は油の種類も今みたいに多くありませんでしたから、手に入りやすいサラダ油を使っていたんです。それがあるとき、天ぷら屋さんで太白ごま油というものを知り、使ってみたら料理の味がガラッと変わった。油を変えただけで、すごくおいしくなったのです。

以来、太白ごま油を、わが家の基本の油にしました。くせのない太白ごま油はどんな料理にも向きます。「油で炒める」「油をひいたフライパンで焼く」と私のレシピに書かれていたら、すべて太白ごま油のことです。値段が少し高いと感じる方もいるかもしれません。でも、油はうまみを作る調味料と考えて、ぜひよいものを使ってほしい。たいていの料理は塩と油だけでおいしく作れる——と私が言うのも、良質な油があってこその話です。

一方の茶色のごま油は、料理の仕上げに少したらして、風味をつけるような使い方をします。中国で茶色のごま油は、油売り場ではなく調味料売り場に小びんが並んでいます。

油にこだわると、家のごはんがうれしくなるほどグレードアップします。

# 「炒め物」は回鍋肉《ホイコーロー》がおすすめ。春夏秋冬、野菜を変えて一年中おいしく食べられます。

家のおかずでみなさんがよく作るのが、肉野菜炒めでしょう。肉も野菜も一度に料理できるからラクチンなようですが……おいしく作れていますか?

みなさんの作っている様子がウーには見えるんです。フライパンに油をひいて、肉と野菜を入れ、箸でかき混ぜながら炒めているのでは? 野菜に火が通ったらできあがりだけれど、にんじんがまだかたいから、もう少し炒めようかなと思っているうちに、先に火が通ったほかの野菜から水気が出てきてしまう。そんな出来ばえではないですか?

そんな方に、ぜひ作ってみていただきたいのが回鍋肉《ホイコーロー》です。回鍋肉は、肉野菜炒めです。豚肉と1種類の野菜で作ります。野菜はあれこれ入れません。野菜によって火の通り時

回鍋肉＝ゆでたり蒸したりして火を通した肉を、鍋にもどして炒める、の意味。

間が違いますから、いろんな野菜を入れると上手に作るのは難しい。それに1種類の野菜のほうが、その野菜のおいしさがよくわかります。

回鍋肉の野菜はなんでもいいんです。春なら春キャベツ、夏ならピーマン、秋ならきのこ、冬なら小松菜と、その季節のおいしい野菜と豚肉を組み合わせることで、一年中楽しめる料理です。玉ねぎでもにんじんでも本当になんでもOKで、野菜を変えて365日作ってもよいぐらい飽きのこない料理です。ご飯に合うのも魅力です。

回鍋肉という名前には、「肉を再び鍋にもどし入れる」、つまり、肉を回帰させるという意味があります。本来は豚のかたまり肉をゆでておき、その肉を必要なだけ切って、野菜と炒め合わせて作ります。

かたまり肉をゆでるのは難しいことではありませんが、時間がかかります。なので私は、しょうが焼き用として売られている、少し厚みのある豚薄切り肉を使って回鍋肉を作ります。

基本の作り方はこうです。

キャベツ、にんじんなどの火の通りにくいものは、食べやすい大きさに切ったら、フライパンに沸かした湯でサッと下ゆでします。ピーマン、きのこ、小松菜、玉ねぎなどは火が通りやすいので、下ゆで不要です。

豚肉は下ゆでします。野菜をゆでたのと同じお湯でゆでてください。肉をすべてお湯に入れ、もう一度沸騰させてから2分ほどゆでたら引き上げて、水気をきり、こしょうと片栗粉を全体にまぶします。この片栗粉があとで調味料とからんで、トロッとしたおいしさを作ってくれるのです。

フライパンに太白ごま油を熱し、豚肉を入れて、肉に油が馴染んでふっくらとしたら調味料で味つけします。みそ、しょうゆ、塩など、調味料は野菜に合わせて変えましょう。肉に味がからんだら野菜を加え、サッと炒め合わせればできあがり。ここは炒めるというよりも、フライパンの中で肉と野菜を和える感覚です。

おいしく作るポイントは、とにかく菜箸などであまりいじらないこと。肉や野菜をフライパンの中で動かせば、温度が下がってそのぶん火が通るのが遅くなり、肉はかたくなるし、野菜から水気が出てしまう。箸でいじっていいことはないですから、グッと我慢して。手を出さないで見ていて、「これ以上焼くと焦げそう」というギリギリのところでひっくり返す。この感覚をぜひ身につけてください。そうすれば見違えるほどおいしい肉野菜炒めができます。

## キャベツの回鍋肉

◎材料（2人分）
豚肉しょうが焼き用　4枚
（200gぐらい）
春キャベツ　200g
こしょう　少々
片栗粉　小さじ½
太白ごま油　大さじ1
[合わせ調味料]
甜麺醤《テンメンジャン》　大さじ½
しょうゆ、酒　各大さじ1
黒酢　小さじ1

◎作り方
1 豚肉は半分に切る。キャベツは豚肉と同じくらいの大きさに切る。
2 フライパンに湯を沸かし、キャベツの⅓〜½量を入れる。5秒ぐらいして色が鮮やかになったら網じゃくしで引き上げる。残りも同様にゆでる。
3 2と同じ湯で豚肉をゆでる。豚肉をすべて入れて沸騰してから2分ほどゆで、水気をきってボウルに入れる。こしょうをふり、片栗粉を全体にまぶす。
4 フライパンに太白ごま油をひく。油が熱くなったら肉を並べ入れる。肉にまぶした片栗粉が糊状になったら、合わせ調味料を加える。
5 キャベツを戻し入れてさっと炒め合わせる。

## ピーマンの回鍋肉

◎材料（2人分）
豚肉しょうが焼き用　4枚
（200gぐらい）
ピーマン　2〜3個
こしょう　少々
片栗粉　小さじ½
太白ごま油　大さじ1
[合わせ調味料]
しょうゆ　大さじ1
はちみつ　小さじ½
酒　大さじ½

◎作り方
1 豚肉は半分に切る。ピーマンはヘタと種を取り除き、1㎝幅の輪切りにする。
2 フライパンに湯を沸かし、豚肉をすべて入れ、沸騰してから2分ほどゆでたら水気をきってボウルに入れる。こしょうをふり、片栗粉を全体にまぶす。
3 フライパンに太白ごま油をひく。油が熱くなったら肉を並べ入れる。肉にまぶした片栗粉が糊状になったら、合わせ調味料を加える。
4 肉に味がからんだらピーマンを入れて炒め合わせ、こしょうをふる。

## きのこの回鍋肉

◎材料（2人分）

豚肉しょうが焼き用　4枚（200gぐらい）
生しいたけ　2個
エリンギ　100g
こしょう　少々
片栗粉　小さじ½
太白ごま油　大さじ1
しょうゆ　大さじ1
黒酢　大さじ½
粗塩　ふたつまみ
酒　大さじ1

◎作り方

**1** 豚肉は半分に切る。生しいたけは半分に切る。エリンギは長さを半分に切り、繊維に沿って薄切りにする。

**2** フライパンに湯を沸かし、豚肉をすべて入れ、沸騰してから2分ほどゆでたら水気をきってボウルに入れる。こしょうをふり、片栗粉を全体にまぶす。

**3** フライパンに太白ごま油をひく。油が熱くなったら肉を並べ入れる。肉にまぶした片栗粉が糊状になったら、しょうゆ、黒酢、粗塩で味つけする。

**4** きのこを加えて炒め合わせ、酒をふり、ふたをして中火で2分ほど蒸し煮にする。最後にこしょうをふる。

## 小松菜の回鍋肉

◎材料（2人分）

豚肉しょうが焼き用　4枚（200gぐらい）
小松菜　1束
こしょう　少々
片栗粉　小さじ½
太白ごま油　大さじ1
粗塩　小さじ¼

◎作り方

**1** 豚肉は半分に切る。小松菜は根元を切り落とし、長さを3〜4等分にして、葉と茎に分ける。

**2** フライパンに湯を沸かし、豚肉をすべて入れ、沸騰してから2分ほどゆでたら水気をきってボウルに入れる。こしょうをふり、片栗粉を全体にまぶす。

**3** フライパンに太白ごま油をひく。油が熱くなったら肉を並べ入れて炒める。

**4** 小松菜の茎を入れて弱火でじっくり炒める。茎の色が透明になってきたら、葉を上にのせる。小松菜が自分の蒸気で蒸されて火が通ったら上下を返し、粗塩とこしょうをふって仕上げる。

## 「和え物」を覚えておくと便利。塩と油さえあればどんな野菜も和え物になります。

あともう1品、何か野菜のおかずが欲しいな、ということがよくあると思うんです。そういうときには「和え物」です。手の込んだものではなく、基本的に1種類の野菜と、塩と油があれば和え物はすぐにできます。

いちばんのおすすめは、にんじんの和え物。これは私が本当によく作る料理です。にんじんをスライサーでシャーシャーとせん切りにするので、うちでは「にんじんシャーシャー」と呼んでいます。クッキングサロンでも「シャーシャーしてください」と言えば、ス

料理のいちばん最初に、シャーシャーしたにんじんにお湯を回しかけておきます。

ライサーでせん切りだな、とみなさんに通じるウー語です。

にんじんの皮をむいて、ざるの上でシャーシャーします。シャーシャーだと、包丁でせん切りにするのと違って均一に切れない、それがかえっていいのです。繊維が断ち切れるので味がからみやすく、食べたときにいろんな食感があるのがおいしいです。

手のひらでにんじんをしっかり押さえて、できるだけ細くシャーシャーしてください。手を切らないように気をつけて、2本ぐらいシャーシャーしましょう。全部シャーシャーしたら熱湯をまわしかけます。にんじんに軽く熱を加えるのです。これをしたいから、最初からにんじんをざるに入れたわけです。洗い物を増やしたくないですからね。

熱湯をかけたら、しばらく放置します。20分ぐらいは置きたいです。するとにんじんがとてもおいしくなる。ですから、この料理はいちばん最初に作り始めるといいです。

うちの「にんじんシャーシャー」を食べると、みなさん驚くんですよ。「にんじんだけなのに、どうしてこんなにおいしいんですか⁉」って。秘密は熱湯をかけて放置するところにあると思います。しばらく置くことで、熱がじんわりとにんじんの中に浸透していき、水分もざるから自然に落ちていく。普通に熱湯でゆでたり、ぎゅっと水気を絞るのでは、このおいしさは出ないと思います。料理のおもしろいところです。

ほかの料理を作っていると、20分ぐらいはアッという間です。放置していたにんじんをボウルに移して、粗塩をパラパラとふります。小さじ⅓ぐらいで十分です。こしょうもふり、ごま油を大さじ1ぐらいたらして全体を和えます。これでできあがり。ごま油はもちろん、うまみがあってくせのない太白ごま油です。

和え物のレシピはほかにもたくさんあります。「ほうれん草の和え物」は、ほうれん草1束をさっとゆでて水にさらし、水気をきって3㎝長さに切ります。ボウルに粗塩小さじ¼、太白ごま油大さじ½、練りがらし大さじ½を混ぜて、ほうれん草の水気をもう一度ぎゅっと絞って和えます。「かぶとクレソンの和え物」はかぶ3個の皮をむき、縦に薄切りにして塩小さじ⅓をふり、10分ほど置きます。クレソンは3㎝長さに切ります。ボウルに粗塩ひとつまみ、太白ごま油大さじ1、おろしわさび小さじ1を混ぜて、水気をきったかぶとクレソンを和えます。

こんなふうに和え物は、基本的には野菜を塩と油で和えればよく、そこに香辛料などのアクセントを加えることでレシピが無限に広がっていきます。練りごま、すりごま、レモン汁、はちみつなど、いろいろ試してみてください。

# 「スープ」を食べましょう。野菜がとれるし、温かい水分をからだが喜ぶ。だし？　いらないですよ。

回鍋肉などのたんぱく質のおかず、野菜の和え物、それにスープがあれば、栄養バランスばっちりのよい献立ができます。スープをぜひ作っていただきたいです。

スープは温かい水分で、からだをやさしく労ってくれる食べ物です。毎日、毎食食べてもいいぐらいです。体調がいまいちなときも、食欲がないときでもスープなら飲めるし、お腹がいっぱいになるからダイエットしたいときにもうってつけです。

だし？　とらなくていいですよ。うまみの出るものを入れればよし！　桜えび、小さく

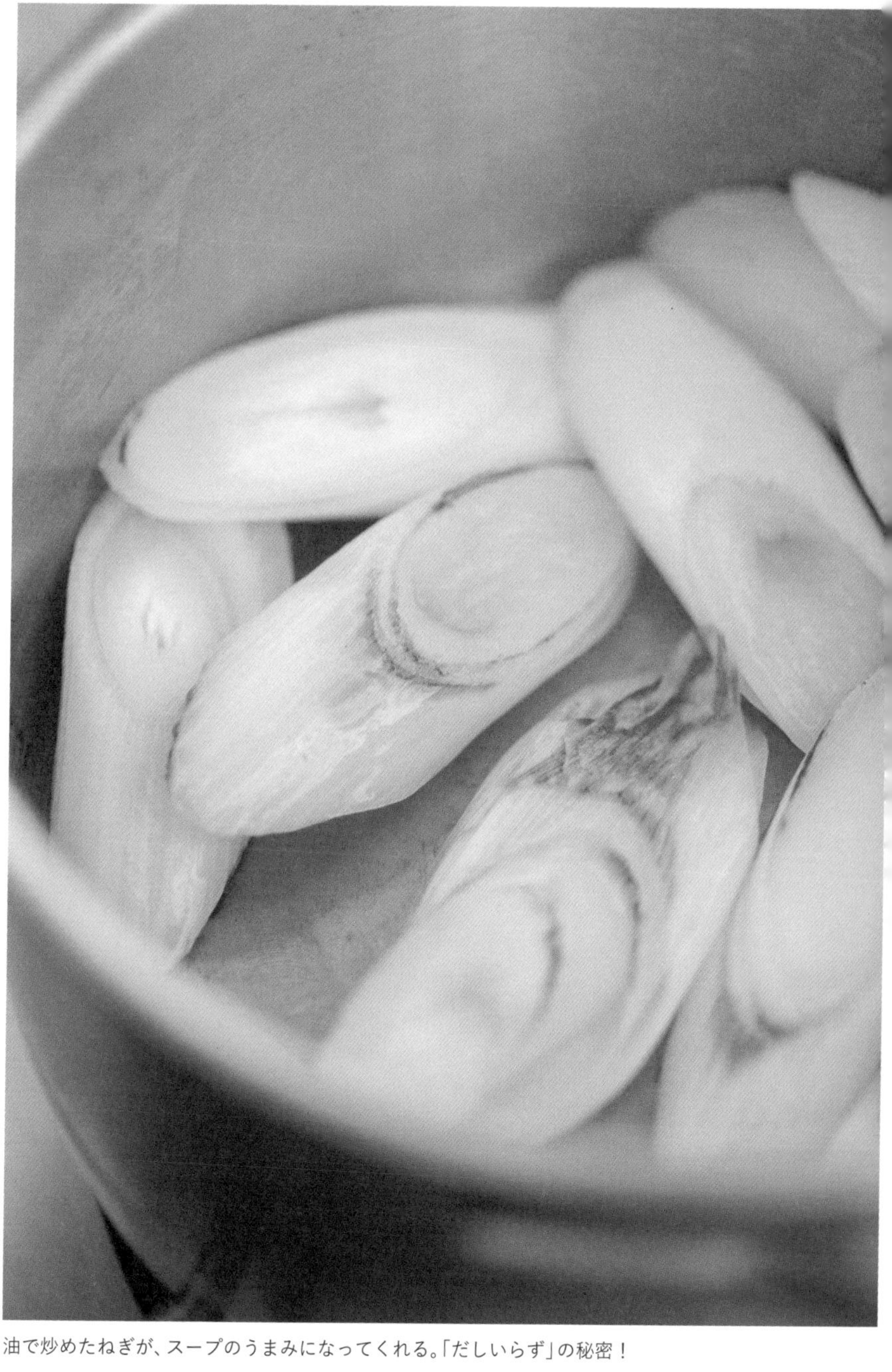
油で炒めたねぎが、スープのうまみになってくれる。「だしいらず」の秘密！

切った昆布や干ししいたけ、かつお節も私は具として入れて食べてしまいます。わが家で週に1度は作る「レタスのスープ」をご紹介しましょう。レタスを丸ごと1個食べきれる健康的なおいしいスープです。

レタス1個は大きめの一口大にちぎります。煮ると縮みますので、大きめにちぎってください。鍋に水4カップ、酒大さじ1、桜えび3gを入れて火にかけ、煮立ったら弱火にしてふたをして5分煮ます。レタスを入れて、再び煮立ったら粗塩小さじ⅓、こしょう少々で味つけ。最後に茶色いごま油をたらして香りづけします。レタスをうっとりするような美しい翡翠色にするために、ふたはしないで煮ます。

レタスは食物繊維が多くてカロリーが少なく、ビタミンもとれるいい野菜です。生でサラダで食べようとすると、せいぜい数枚しか食べられないし、生野菜はからだを冷やすので、私はレタスを生で食べることはしません。レタスはサラダよりも断然スープです。

スープのうまみとなるのは、かつお節や鶏がらスープの素だけではないのです。レタスのような野菜にもうまみがありますから、量をたくさん使うことでだしになります。

また、太白ごま油は油であると同時にうまみの調味料ですよ、と先に書きましたが、この油もだしの役目をしてくれます。「長ねぎの焦がししょうゆスープ」がその代表です。

長ねぎ1本を2㎝幅の斜め薄切りにします。鍋に太白ごま油大さじ1と長ねぎを入れて、弱めの中火でねぎが色づくまでよく焼きます。ねぎに焼き色がついたら火を少し強めて、しょうゆ大さじ2を加えます。すぐに煮立って、しょうゆのいい香りがしてきます。そうしたら水を3カップ注ぎます。再び煮立ってきたら火を弱めてふたをして5分ほど煮ます。これだけでもおいしいですし、溶き卵を入れるとボリュームが出ます。

卵2個をよく溶きほぐし、スープの火加減を強火にし、沸いているところへ卵液をまわし入れます。卵が固まったらこしょうをふって仕上げます。溶き卵を加えるときは必ず強火です。そうすればスープの対流で卵が自然に流れて、筋状になってくれます。これをしないで卵が固まらないうちに箸で混ぜたりすると、スープが濁ってしまいます。

このスープでは、最初にねぎをごま油でじっくり焼くのがコツです。これは「ねぎ油」と言って、油にねぎの香りとうまみを移す中国料理の基本のテクニック。「ねぎ油」にうまみの調味料であるしょうゆを加え、しょうゆの焦げた香りを立たせてスープにする。だしを入れなくても、いろいろなうまみが入っているスープなのです。しかも、いつも家にあるものでサッと作れて経済的です。

# 「蒸し物」上手になりましょう。じゃが芋を蒸すと、しっとりして、びっくりするほどおいしいです。

うちのキッチンにはいつも、蒸し器が出しっぱなしにしてあります。朝も昼も夜も「蒸し物」をするからです。蒸し物はしたことがないという人も多いかもしれませんが、ウーの本を読んでくださったのをきっかけに、今日から蒸し物をしていただきたいです。

なぜ、そこまでおすすめするかというと、蒸し物がいちばん、素材のナチュラルなおいしさを引き出してくれる調理法だからです。

騙されたと思って、まずはじゃが芋を蒸してみてください。しっとりとして、とにかく

じゃが芋はセイロいっぱいに蒸します。食卓に出すと、たちまちなくなってしまう人気者。

おいしいですから。びっくりすると思います。じゃがバタにしようと思っていた人も、「何もつけずに、このまま食べたい」という気持ちになる。そのぐらいおいしいのです。

じゃが芋は洗って、皮つきのまま蒸します。蒸す道具は、蒸し器でもセイロでもいいです。水を入れて火にかけて、蒸気が上がったらじゃが芋を入れ、ふたをして蒸します。蒸している間は強火である必要はなく、シュンシュンと蒸気が静かに上がっている状態を保てるよう、中弱火ぐらいにします。

じゃが芋は蒸し器に入れてから30分。大きさにもよりますが、30分が蒸し時間の目安です。これは芯のほうまでぎりぎり火が通る蒸し時間です。そして、ここからが大事なのですが、30分たって火を止めてもすぐにふたを開けないこと。火を止めて、20分ほどそのまま放置してください。蒸し物で大事なのは、蒸してから「放置すること」です。

理由をご説明しましょう。じゃが芋を30分蒸した段階でふたを開けてしまうと、熱い蒸気がバーッと外に出ますよね。蒸気というのは100℃以上の高温の熱量です。その蒸気に包まれて、じゃが芋に火が通るわけで、30分蒸したじゃが芋は蒸し器の中で汗をかいています。サウナみたいな感じでしょうか。それが、蒸し器のふたをすぐに開けたり、じゃが芋をすぐに取り出したりすると、お風呂上がりにクーラーの部屋に入ったみたいに汗がサーッと引く。水分が蒸発するわけです。

じゃが芋がかいた汗は、じゃが芋の中にあった自分の水分です。これが乾いて蒸発すると、じゃが芋がパサついてしまう。ですから汗をかいたじゃが芋は、火を止めたあともまだ蒸気の充満している蒸し器の中に入れておく。そうすれば、蒸し器の温度が下がって蒸気が静まるにつれ、じゃが芋のかいた汗がじゃが芋の中に戻っていく。それでしっとりとして、驚くほど味の濃い蒸しじゃが芋ができるのです。蒸し器の中に放置することで加わる余熱を考えて、蒸し時間をぎりぎり火が通る30分にするわけです。

ほかのものを蒸すときも、「蒸し時間＋放置時間」の考え方は一緒です。さつま芋、にんじんは「蒸し時間30分＋放置時間20分」。かぼちゃは大きめ一口大に切って「蒸し時間15分＋放置時間10分」。豚肩ロースかたまり肉500gは「蒸し時間40分＋放置時間20〜30分」。鶏胸肉1枚は「蒸し時間10分＋放置時間20分」、鶏もも肉1枚は「蒸し時間15分＋放置時間30分」。冷凍ご飯1人分はラップをはずし、オーブンシートにのせて「蒸し時間10分＋放置時間5分」。ご飯もふっくらして、とてもおいしいですよ。ぜひ、お試しください。

# いつでもすぐに作れて、ご飯にのせて食べてもおいしい。「トマトと卵の炒め物」は永遠のおかず。

「トマトと卵の炒め物」は人気のおかずです。赤いトマトと黄色い卵のコントラストがきれいだし、自然の甘みと酸味のハーモニーがたまりません。そもそも北京の定番料理で、わが家でも本当によく作ります。私はご飯にのせて丼にして食べるのが好きです。

クッキングサロンで「トマトと卵の炒め物」のデモンストレーションをすると、「あら、いつも作っているのと全然違う！」という声が必ず上がります。そして試食になると「どうしてこんなにおいしいの⁉　やっぱり全然別物です」って。作り方をご紹介しますから、

卵とトマトさえあれば作れる、わが家の定番中の定番。ご飯にのせてもおいしい。

何が違うのか、どうぞ探ってみてください。

材料は、中ぐらいの大きさのトマト2個。よく熟したトマトがいいです。卵3個、塩小さじ¼ぐらい、こしょう、片栗粉小さじ½(水大さじ1で溶いておく)、にんにく1かけ、太白ごま油大さじ2ぐらい。いつも家にあるものばかりですね。

卵をボウルに割り入れてよく溶きほぐします。トマトはヘタをとって縦半分に切ってから、大きめ一口大の乱切りにします。にんにくは薄皮のついたまま、まな板に置いて包丁の腹をあて、上からポンッとげんこつで叩いてつぶします。こうすると薄皮も自然にとれるからラクです。

フライパンに太白ごま油を入れて、中ぐらいの火にかけます。フライパンを動かすと油がスムーズに動くぐらいに温めます。菜箸の先にちょんと卵液をつけて油に入れると、ジュッとすぐに固まるぐらいの温度です。

フライパンに卵を一度に入れて広げ、火を小さくします。菜箸で大きくゆっくりとかき混ぜて、固まってきたところをフライパンの側面のほうに寄せて上げます。また菜箸で大きくゆっくりとかき混ぜて、固まってきたところをフライパンの側面のほうに寄せて上げます。これを繰り返して卵に火を通すと、卵が空気を含んで層のようになるのです。

固まった卵をフライパンの片端に寄せます。フライパンの空いたところへトマトを入れ、すべてのトマトを平らに広げたら、卵をトマトの上にかぶせます。卵でふたをし、トマトを蒸し煮のような状態にして、トマトの水分を出すわけです。

数秒後にトマトから少し水分が出てきたら、卵のふたを横に下ろします。トマトの部分に塩をふり、さらに水分が出るようにします。卵を箸で大きめに崩しながらトマトと和えます。「フライパンは加熱できるボウル」と私はよく言うのですが、本当にフライパンという加熱できるボウルの中で、トマトと卵を和えている感覚です。

トマトの角が丸くなったら、水溶き片栗粉を全体にまわしかけます。水溶き片栗粉でトマトの水分をとじて、トマトのうまみの出たソースを卵にからめるのです。次ににんにくを加えます。軽くにんにくの香りをつけたいだけなので、にんにくを入れるのは最後です。全体をサッと炒め合わせて、こしょうをふればできあがりです。

卵に火を通すのも、トマトを炒めるのも、弱めの火で行います。炒め物は強い火でガーッと炒めるイメージがあるかもしれませんが、家庭料理はやさしい火でゆっくり作る。そのほうが失敗なくおいしくできます。

# 「肉団子」は本当におすすめ！季節の野菜で一年中楽しめる、毎日でも飽きないおかずです。

うちの定番おかずの「肉団子」。どうしてこんなにおいしいんでしょう、というぐらいおいしいです。そして飽きない。不思議です。食べるたびに「毎日食べてもいい」と思います。子供たちが小さいころからずっと作っていて、大人になった今も、仕事で遅くなる子供のために作っておくと、朝には鍋の中がきれいになくなっている。やさしい味わいで、お年寄りにも喜んでいただけると思います。一生もののレシピ、ぜひ覚えていただきたいです。

誰もがリピーターになる大きな肉団子。1種類の野菜と煮ればOKの便利なおかずです。

肉団子と、1種類の野菜の煮物です。野菜はいろいろなもので作れます。春なら春キャベツや菜の花、夏ならトマトやなすやパプリカ、秋ならきのこや芋、冬なら白菜やれんこん……その季節の旬の野菜を使うといいですね。

うちの肉団子はとても大きいのが特徴です。ひとり1個食べたら大満足の大きさです。この大きさが、ふっくらとジューシーに肉に火を通す秘訣だったりもします。

肉は鶏ひき肉でも、豚ひき肉でもいいです。2人分で200gをボウルに入れて、順番に次のものを加えてそのつど混ぜていきます。しょうがのみじん切り1かけ分、長ねぎのみじん切り10㎝分、こしょう少々、酒大さじ2、オイスターソース小さじ1（鶏ひき肉の場合。鶏肉はオイスターソースと合わせるとうまみが出るため）、しょうゆ大さじ½、塩小さじ⅓、生パン粉大さじ3、ごま油小さじ1。

調味料をひとつ加えるごとによく混ぜるのは、そのほうが全体が均一によく混ざるからです。手で混ぜると体温で脂が溶けてしまうので、菜箸で混ぜるようにします。こうして作ったたねを2等分にして、大きな丸い団子に手で丸めます。

野菜は食べやすい大きさに切ります。たとえば白菜なら、葉の部分だけを大きめに切っておきます。

鍋に水2カップを入れて火にかけ、煮立ったら肉団子を入れて強火で煮ます。お湯に浸かっている部分が白くなったら、おたまでお湯をかけて肉の表面を固めてから裏返し、ふたをして弱火で10分煮ます。

10分煮たら、白菜の葉を上にふわっとのせてふたをし、さらに2分ほど煮ます。粗塩小さじ⅓ほどで味をととのえれば完成です。

鶏肉の肉団子は12分で中まで火が通ります。豚肉で作る場合は15分ぐらい煮たほうがいいです。その煮上がりから逆算して、白菜の葉なら2分で火が通るので、2分前に鍋に加える。キャベツや菜の花も2分。きのこは5分ぐらいかな。なすは皮をむいた丸ごとを鍋に5分前に入れて煮ると、煮浸しみたいになってとてもおいしいです。パプリカは大きめに切って5分。里芋やじゃが芋やにんじんは煮えにくいですから、薄く切ったり細く切ったりして、最初から肉団子と一緒に煮ます。

こんなふうに野菜を入れるタイミングを変えればいいだけの、とてもシンプルな料理です。煮物は放っておけば勝手においしくなってくれる。煮ている間にほかのことができるので、私は忙しいときは煮物を作ります。炒め物のほうがサッとできるイメージがありますが、炒め物はつきっきりで作らないといけない。急いでいるときこそ煮物、です。

## 基本の肉団子

●材料（2人分）

鶏ひき肉（または豚ひき肉）　200g
しょうが（みじん切り）　1かけ分
長ねぎ（みじん切り）　10㎝分
こしょう　少々
酒　大さじ2
オイスターソース　小さじ1
しょうゆ　大さじ½
塩　小さじ⅓
生パン粉　大さじ3
ごま油　小さじ1

●作り方

**1** ボウルに鶏ひき肉を入れ、ほかの材料を材料表の順番通りにひとつずつ加え、そのつどよく混ぜる。

**2** たねを2等分にして、大きな丸い団子に手でまとめる。

れんこんは切り方を変えてふたつの食感を楽しみます

## れんこんと肉団子

◎材料（2人分）
基本の肉団子（右ページ）　2個
れんこん　150g
水　2カップ
粗塩　小さじ⅓

◎作り方
1 れんこんは皮をむき、長さを2等分に切る。半分は縦に棒状に切る。残りの半分はスライサーで薄い輪切りにする。
2 鍋に水2カップを入れて火にかけ、煮立ったら肉団子を入れて強火で煮る。下半分が白くなったら、おたまで湯をかけて表面を固めて裏返し、ふたをして弱火で5分煮る。
3 れんこんを加えてふたをし、7〜8分弱火で煮る。粗塩で味をととのえる。

きのこはたっぷり入れたほうがうまみが出ます

## きのこと肉団子

◎材料（2人分）
基本の肉団子（右ページ）　2個
えのきだけ　100g
しめじ　100g
水　2カップ
粗塩　小さじ⅓
こしょう　少々

◎作り方
1 きのこ類は石づきを切り落とし、いくつかのかたまりに手でほぐす。
2 鍋に水2カップを入れて火にかけ、煮立ったら肉団子を入れて強火で煮る。下半分が白くなったら、おたまで湯をかけて表面を固めて裏返し、ふたをして弱火で7〜8分煮る。
3 きのこを加えてふたをし、5分弱火で煮る。粗塩とこしょうで味をととのえる。

# 白菜は家族を守ってくれる。体調を選ばない、どんなときにもやさしい野菜。

白菜は家族を守ってくれる——。私の好きな言葉です。この言葉の意味をみなさんにお伝えしたいです。

私が生まれ育った中国では、野菜にはそれぞれの効用があると考えられています。野菜の中でも白菜を本当によく食べます。中国ではキャベツよりもだんぜん白菜です。

白菜の何がいいって、体調を選ばないことです。どんなときにもからだにやさしい野菜なのです。いつ食べてもからだに負担がない。胃が痛いときも、疲れているときも、逆に元気なときでも大丈夫。さまざまなビタミンやミネラルを含む白菜を冬に食べていれば、風邪をひかない。風邪をひいても、白菜を食べれば回復が早い。そんな、やさしさと強さの両方を持っているのが白菜という野菜です。家族みんなの健康を守ってくれる、お守りのような野菜。あると安心、なければ不安で、私の母は冬になると白菜を山ほど買ってベランダに常備していました。

だから日本に来た当時、白菜がかわいそうと思いました。お鍋をするときのかさ増し？あまり大事にされていない気がして。買ってきて、ザクザクと適当に切って、鍋にポンと入れられて……白菜は雑に扱われている気がしました。

よくスーパーで、2分の1や4分の1に切って売られていますが、カットしてあると切り口から酸化して傷みやすいですし、数日使わないと切り口の葉が盛り上がってきたりしますよね。気の毒に、と思います。野菜は私たちが食べるまで生きているのですから、土に生えていたときとなるべく同じ姿で買ってきて、保存するのがいいと思うのです。

丸ごとの白菜は保存がききます。ちなみに中国では収穫したての白菜はおいしくない、と言います。水っぽすぎる、と。それで丸ごとの白菜をいくつも買って、ベランダなどの屋外に置いておく。1か月ぐらいたったころ、ちょうどお正月ぐらいの白菜がいちばんお

見て見て、白菜ってこんなにきれいなんですよ。1枚ずつはがして使いましょう。

芯はごちそう。子供が食べるときは豆板醤は入れなくても

## 白菜の芯の和え物

**●材料（2人分）**

白菜の芯の部分　200g

［たれ］

豆板醤　小さじ½

はちみつ　小さじ1

黒酢　大さじ½

ごま油　大さじ½

**●作り方**

1 白菜の芯は繊維を断ち切るように2㎜幅に切る。

2 ボウルにたれの調味料を混ぜ、白菜の芯を入れて箸でよく和える。

白菜の茎は最後に加えます。弱～中火のやさしい火加減で

## 白菜の茎と豚ヒレ肉のこしょう炒め

**●材料（2人分）**

白菜の茎　3枚分

長ねぎ　5㎝

豚ヒレ肉　150g

［下味］

こしょう　少々

酒　大さじ1

塩　小さじ⅓

片栗粉、ごま油　各小さじ1

太白ごま油　大さじ1

しょうゆ　小さじ1

粗塩　ふたつまみ

こしょう　小さじ¼

**●作り方**

1 白菜は葉と茎に切り分け、茎の部分だけを使う。長さを半分に切ってから、繊維に沿ってせん切りにする。長ねぎは斜め薄切りにする。豚ヒレ肉は繊維に沿ってせん切りにし、下味をまぶしておく。

2 フライパンに太白ごま油をひいて豚ヒレ肉を入れ、火が通るまで弱めの中火でよく炒める。出た水分をすべて飛ばすつもりで。

3 長ねぎを加え、香りがふわっと立ったら、しょうゆをジュッと加える。

4 白菜の茎を入れて、ほんの少ししなっとしてきたら、粗塩、こしょうで味をととのえる。

★白菜の葉の部分は、みそ汁や鍋に入れて食べます。

いしい。余計な水分が飛んで、甘さが増して、香りもよくなっていて。

白菜は、ぜひ1個丸ごとを買っていただきたいです。私は丸ごと買ってきたら冷蔵庫には入れずに、新聞紙で包むか紙袋に入れて、そのまま台所の隅に放置しています。頻繁に使わないといちばん外側の葉は乾燥しますが、それをむけば内側はみずみずしいです。白菜の外側の葉は〝自然のラップ〟です。

丸ごとの白菜を、1枚1枚はがしながら食べていきます。そうすると同じ白菜でも、外側と内側のおいしさが違うのがわかります。白菜を毎日食べたとしても、外側と内側、葉先と軸とでは味わいがまるで違うので飽きることがありません。それに白菜は部位によって食べかた、つまり向く調理法が違うので、1個の白菜でいろいろな料理を楽しめます。家族2人だったら、白菜1個で1週間暮らせると思うほどです。

外側のほうは、茎の部分がかたいので、葉と茎に分けて使います。茎は食べやすい長さに切り、細切りにして炒め物にして食べます。この部分の茎は正直それほどおいしくはないので、うまみのある鶏肉や豚肉と一緒に炒めるのがおすすめです。

もう少し内側の茎は甘みが出てきておいしいですから、ぜひ単品で炒めて食べてください。厚みを薄くするように斜め削ぎ切りにして、甘酢炒めにすると本当においしいです。

葉は、お鍋に入れてサッと火を通すぐらいで食べるのがいちばんです。しゃぶしゃぶのような食べ方ですね。肉団子の煮物（96ページ）に入れるのにもぴったり。水分がたくさん出てしまうので長時間煮込むのは禁物です。

そして、白菜の中で特別おいしいのが芯の部分です。むいて、むいて、むいて、やっと出てきたいちばん内側のやわらかいところ。これはもう、宝物です。生で和え物にして食べます。味つけはなんでもおいしい。塩、こしょう、ごま油でもいいし、レモンを搾って、塩をパラパラとふって食べてもいい。白菜のこの部分はビタミンCを多く含むので、風邪をひきそうな人にぜひ食べさせたいです。

ところで、¼にカットされた白菜を買うことが、実は私にもあるのです。そういうときは、葉も茎も全部を細かく切ります。細かく切って、水からコトコト煮てスープを作る。こうすると外側と内側の違いも、葉と茎の違いもなくなって、白菜すべてのおいしさが味わえる。白菜はすごくだしの出る野菜です。量をたくさん入れれば、鶏がらスープなどのだしは不要。塩、こしょう、ごま油の風味で十分おいしくいただけます。丸ごと買った白菜が使いきれないときも、こんなふうにスープで食べるのがおすすめです。

# からだにいい発酵食品が好きです。塩麹を使った「ゆで鶏」はパリのミシュラン店に劣らぬ味！

発酵食品が注目されていますね。私も昔からふだんの料理に発酵食品を使ってきました。酒粕を酒代わりに煮物に入れたり、隠し味としてシチューやカレーに加えたり。みそ汁にも入れます。料理にうまみが加わって健康にもいい、一石二鳥の調味料だと思います。

今とても気に入っているのが、富山で出会った塩麹です。塩麹はいろいろな種類が売られていますが、昔ながらの自然な製法で作られているものを探していて、とうとう出会ったのです。「ウー・ウェンパン」の製造をしているメーカーの社長の奥様が「ウーさん、

運命的に出会った富山の塩麹。まぶしておくだけで鶏肉がしっとりします。

絶対に好きだと思うよ」と去年、富山の石黒種麹店へ連れていってくれて。北陸唯一の種麹屋さんです。ここの塩麹は私の理想に近いものでした。お米の粒が入っていて、あまりしょっぱくなくて、自然なうまみがすごくある。

中国には古くから麹や発酵食品の文化があり、塩分のない麹の調味料を料理によく使います。石黒種麹店の塩麹は、中国の麹調味料に近い感じなのです。

とにかく、どんなものに使ってもおいしくなる。筆頭は鶏むね肉やささみ。鶏肉は足が早いからすぐ食べないとダメだけど今日は無理、そういうときに鶏肉に塩麹をまぶして冷蔵庫に入れておく。これを翌日にゆで鶏にすると、しっとりとして感動的なおいしさです。

話は逸れますが、パリにミシュランの星つきのとても素敵なレストランがあって、空間も料理もシンプルの極みで私の大好きな店です。そこで出る鶏肉の料理が素晴らしい。真っ白なお皿に白いゆで鶏がのっているだけで、付け合わせも何もない真っ白な世界。炒めたオニオンとスパイスのソースがかかっているだけです。

食べてみると息を飲むおいしさなんです。ふっくらしっとりとして、一度食べたら忘れられない味。どうしたらこんなふうに作れるのだろう、と思って、私はその料理を再現したくていろいろ試していました。でも、富山の塩麹と出会ってからは「パリのあの店のよりもおいしい！」。本当ですよ。とんでもない魔法の調味料を私は手に入れてしまいました。ちなみにこの魔法、ネットでも買えるようですよ。

ゆで鶏の作り方です。鶏むね肉2枚の皮をとり、ファスナーつき保存袋などに入れて、塩麹大さじ1杯半ぐらいを加え、袋の上からもんで肉によくまぶします。その袋を冷蔵庫に一晩置きます。少量の塩麹を、時間をかけて肉に浸透させるのがおいしさの秘密です。

翌日、鶏のゆで汁もスープで食べたいので、鶏肉についた塩麹のつぶつぶをさっと洗い落とします。お湯1.5ℓを沸騰させて、むね肉2枚を入れ、お湯が再び沸騰したらふたをして火を止める。この状態で1時間ほど置くと、しっとりとしたおいしいゆで鶏ができるのです。

1時間ほどたったら鶏肉を取り出し、すぐに食べないときは冷蔵庫に入れます。ゆで汁にずっと浸けておくと、うまみがどんどん汁に出てしまうのでご注意を。ゆで鶏はそのまま食べてもいいし、和え物にしても、パンにはさんでも。棒々鶏《バンバンジー》にする場合は、練りごま、黒酢、しょうゆを同量混ぜたたれで召し上がれ。残ったゆで汁はみそ汁にしてもいいし、キャベツでもトマトでもそのときにある野菜を入れて煮て、スープとしておいしくいただきます。ちなみに鶏の皮はカリカリに焼いて、おつまみにするといいです。

# 作り置きはしないウー家の唯一の例外「じゃこの黒酢炒め」。自家製カルシウムサプリメントです。

じゃこはカルシウムのかたまりでしょう。とてもよい食べ物だと思うのです。中国では日本のじゃこのようなものは見かけません。それで、父が闘病生活を送っていたころ、少しでも栄養になればと思って、北京へ行くときに日本のじゃこの佃煮を持っていきました。すると母いわく「確かにこの小魚は健康にいいものですよ。でも塩分が気になりますね」。健康的な家庭料理の師である母に言われて、それなら……と私が作り始めたのが「じゃこの黒酢炒め」です。

黒酢を加えて炒めると、じゃこがやわらかくおいしくなります。私のサプリメントです。

これがね、おいしくておいしくて。女性は年齢を重ねるとホルモンの関係で骨密度が低下していくそうです。そんな私たち女性には、カルシウムたっぷりの「じゃこの黒酢炒め」は大変ありがたい常備菜です。私は作り置きというものをしないのですが、これだけは切らさず作り置いて、ご飯にかけて食べたり、おやつ代わりにつまんだり。自家製のカルシウムサプリメントです。

作り方はいたって簡単。鍋にじゃこ100g、太白ごま油大さじ1を入れて火にかけます。弱めの中火ぐらいの火加減で、じゃこに油をなじませるようによく炒めます。香りが立ったら、酒大さじ1、黒酢大さじ2を加えて味をなじませながら炒め、火を止めます。よく炒めること、酒と黒酢を使うことで日持ちのする常備菜になるのです。

ポイントは黒酢にあります。そのままでは少しかたくて食べにくいじゃこも、黒酢のおかげでやわらかくなります。黒酢にはうまみがあり、ほかの調味料や塩分を加えなくてもおいしく食べられます。黒酢がじゃこの魚臭さも消してくれます。おまけに黒酢は発酵食品ですから、黒酢じたいも健康にいいわけで、本当にいいことずくめなのです。

黒酢は普通のお酢に比べて、酸味がマイルドです。透明のお酢は酸味が強く、その酸味とバランスを取るために、酢の物には糖分を加えますね。ツンとするのを消すために砂糖が必要になる。その点、黒酢を使えば糖分も塩分も抑えられます。

黒酢にはコク、うまみ、風味があります。だから酸味というよりも、料理に風味が欲しいときに私は黒酢を使います。あるいは肉をやわらかくしたいときにも黒酢を使います。

中国には米酢のような透明の酢はなくて、酢といえば黒酢です。そして気候風土によって中国各地で酢の風味が違います。日本のみそと同じですね。私の故郷の北京では、ほとんどの料理の隠し味に酢を使っています。北京のお酢はあっさり系なので、お酢が料理の表に出ることはなく、下地の感覚で使われる。その下地のうまみがあるからこそ、北京の料理は味つけが濃くなくてもおいしいのです。

日本のスーパーで手に入りやすいミツカンの「純玄米黒酢」は、北京の酢に似たあっさりとした味わいです。黒酢をまだ使ったことがない人にもおすすめです。ただ、甘酸っぱい酢豚を作るときには、もうちょっと酸味が欲しいかもしれませんね。最近は日本でもいろいろな黒酢が作られているので、ご自分の好みを見つけてください。そしてまずはウーの自信作「じゃこの黒酢炒め」を作ってみてくださいね。

# 今日のごはんの支度をしながら、明日食べる「蒸し豚」を仕込む。数分の仕事で食が豊かになります。

今日のからだが求めるものを食べたいから、基本的に作り置きはしないし、買い置きもしません。献立を考えるのは、せいぜい明日、明後日ぐらいまでです。

翌日食べるものの仕込みはします。夕飯に蒸し野菜を作ったら、明日の朝食の分まで余分に蒸しておく。たとえばブロッコリー、にんじん、じゃが芋を蒸したら食べやすく切って保存容器に入れて冷蔵庫へ。こうしておけば翌朝はオリーブオイルをひいたフライパンでソテーするだけ。野菜に一から火を通すのは時間がかかるけれど、蒸して中までやわら

蒸し豚さえ作ってあれば、焼豚がすぐにできちゃう。この飴色がたまりません。

かくなっていれば、軽く温める程度でおいしく食べられます。

ゆで鶏（作り方は111ページ）や蒸し豚も、作るときは多めに作って冷蔵庫に入れておき、いろいろな食べ方をして数日楽しみます。

蒸し豚は作っておくと本当に便利ですよ。豚肩ロースのかたまり肉500gなら、長さを半分に切ります。800gぐらいの大きなかたまり肉なら、長さを3等分に切ります。この下肉に塩大さじ2、こしょう少々をもみ込んで、ラップで包み、冷蔵庫に入れます。この下ごしらえは数分でできる。これさえ前日にやっておけばいいんです。

翌日、肉を冷蔵庫から出してラップをはずし、蒸気の上がった蒸し器に入れて40分蒸します。肉のやわらかさが損なわれるので、40分以上は蒸さないほうがいいです。火を止めて、ふたをしたまま20〜30分放置します。粗熱が取れるまで放置するのが、ジューシーに仕上げる秘訣です。これで蒸し豚のできあがり。

蒸し豚を作ったら、まずはスライスしてそのまま食べてください。ふっくらやわらかくて、すごくおいしいです。「蒸す＋放置」で、うまみが外に出ずに肉の中に封じ込められるので、こんなにおいしくなるんです。大葉、みつ葉、万能ねぎなどの香り野菜と一緒に、粗塩、しょうゆ、ラー油などをお好みでつける食べ方は見栄えもよいごちそうです。

残った蒸し豚はラップできっちり包んで、保存用のポリ袋などに入れ、冷蔵庫で保存します。こうして保存しておけば、スライスしてキャベツなどと炒め合わせるだけで回鍋肉（74ページ）がすぐに作れます。

蒸し豚で作るチャーシューもおすすめです。冷蔵庫から蒸し豚のかたまりひとつを出して、合わせ調味料と一緒にフライパンに入れます。合わせ調味料は、しょうゆ大さじ2、黒酢大さじ1、はちみつ大さじ1、酒50㎖、ごま油大さじ½を混ぜたもの。弱火にかけてふたをし、肉をゆっくりと温めます。5〜6分温めたら、ふたをとって火を少し強め、たれを煮詰めながら味をからめていきます。煮汁で肉を包み込むような感じで、箸で肉を転がしながら、たれがなくなるまでしっかりと味をからめます。

これでできあがり。「チャーシューを作ろうかな」と冷蔵庫から蒸し豚を取り出して完成まで、10分ぐらいでしょうか。超時短なボリュームおかずなのです。

うちの子供たち、よくお友達をうちに連れてきたんです。それも大勢。冷蔵庫にあるものでサッと何か作って、育ち盛りの子供たちを満足させるのが私の役目でした。彼らが来てから、ものの10分でおいしいチャーシューを食卓に登場させるママは、まるで魔法使いでしょう！　こんな経験が私を育ててくれたのです。

# 3 整えること

# 使うところに使うものを置く。キッチンの快適さは「動線」ありきです。

8年前にこの家を建てたとき、まず考えたのはキッチンでした。家族の健康を作る場所ですから、何よりも大事です。わが家のキッチンは独立型ではなく、ダイニングルームとひと続きになっているオープンな造りです。

シンクやガス台のあるカウンターに立つと、家族や友人が座るダイニングテーブルと向き合える配置です。おしゃべりしながら料理ができますし、みんなの大好きな肉餅（肉あんをたっぷり入れた焼き餅）が焼けたら、「できたよー」と声をかけて急いで取りに来てもらって、焼きたてのアツアツを食べてもらえる。これ以上幸せなことはないと思います。

オープンなキッチンですから、いつもきれいにしています。キッチンに限らずすべての場所に言えることですが、片付けの基本は「使うところに使うものを置く」ことです。使ったらスムーズに元の場所に戻せるようにしておく。これが肝心です。

たとえば食器は食器棚にまとめて……と思いがちですが、私は毎日使う食器と、そのほかの食器を違う場所にしまっています。毎日使う食器はキッチンカウンターの後ろにある小さな戸棚に。水切りかごのすぐ後ろだから、洗って拭いてしまうのにいちばん便利な場所です。

ほかの食器は、キッチンの裏手にある細長い収納スペースの壁一面に造り付けた収納棚に収めています。「今日はごちそう」というときやお客様のときなどは、ここから器を選んで持ってきます。

ちなみに鍋類も、ウー・ウェンパンやセイロなどの毎日使う道具は、キッチンカウンター下の引き出しが指定席。年に一度しか使わないような鍋は収納スペースの棚に並べています。よく使うものは「表」のキッチンカウンター側、あまり使わないものは「裏」の収納スペース。しまう場所をふたつに分けることで、使い勝手のよさとすっきりした状態を保つことができます。

# キッチンはすっきりがいい。でも、いつも使う調味料は出しっぱなし。「ほんの少しの出しっぱなし」主義です。

素敵な居間で過ごすことよりも、私にとってはキッチンでの時間のほうがずっと大事。

だから、前の項でお伝えした通り、家づくりはまずキッチンを考えることから始めました。

キッチンが決まったら、そこからほかの住空間ができていけばいい、と思ったのです。

以前住んでいたのは賃貸マンションで、キッチンが孤立していました。誰からも見られない場所で、ひとりでずっと料理を作ったり、片付けたり、ちょっと寂しかった。だから家族と一緒に過ごせるときは、料理をしている最中から話ができたらいいなと思って、キ

コンロのまわりはご覧のように、いつも使う調味料を出しっぱなしにしています。

ッチンをオープンな造りにしました。

ダイニングルームとひと続きになったキッチンの主役は、長さも幅もたっぷりとしたカウンターです。ここに水切りかご、シンク、調理スペース、ガスコンロが横一列に並んでいます。中でもシンクがとても大きいのが特徴です。作業スペースが狭くても、シンクは大きいほうがいいというのが私の持論で、赤ちゃんのお風呂ぐらいの大きさの仕切りのないシンクを探しました。お皿もお鍋も広いスペースでしっかり洗いたいし、汚れ物はシンクの中だけにして、そこからはみ出さないようにしたい。キッチンをすっきりさせるには、シンクの大きさがとても重要だと思います。

仕事を終えて家に帰ったら、キッチンに立って、すぐに料理を作れる状態にしておきたい。もちろん、朝起きたときもそうです。すっきりと片付いたキッチンでごはんを作ったほうが気持ちいいですから。だから、洗い物や片付けは「あとでまとめて」というのはナシ。料理をしながら、広いシンクでせっせと鍋やボウルを洗って、食べるときには何もない状態を心がけています。自分が気持ちよくいられるように。

ものはなるべく外に出ていないほうがキッチンはすっきりします。よく「生活感のあるものは戸棚の中に隠して、外には何も出ていないのがいい」とも言われます。確かにそう思うし、私もできるだけ戸棚の中にしまっていますが……。でも、ちょっとぐらい出しっぱなしでもいいんじゃない？と思うのです。実はうちでは、ガスコンロのまわりに、いくつかのものを出しっぱなしにしています。

粗塩の入った壺。スイッチを押すと電動式でひけるペッパーミル。太白ごま油、オリーブオイル、酒、炒りごまのびん。これらの毎日毎食のように使う調味料は、出しっぱなしです。

菜箸なども、白いジャグに立ててコンロの脇に出しっぱなしです。ジャグの中に入っているのは菜箸2種類、おたま1本、フライ返し1本、ご飯用のくっつかないしゃもじ1本、泡立て器1本、網じゃくし1本。これも毎日毎食のように使うから出しっぱなしです。

基本はすっきり戸棚の中にしまう派ですが、すぐに料理が作れるように基本の調味料や道具は出しっぱなしにしておきたい。見た目のかっこよさよりも実をとる、「ほんの少しの出しっぱなし」主義でいいかな、と思っています。

# キッチンは清潔第一。ふきんの使い方はお寿司屋さんがお手本です。

雑誌などで取材に見える方と、料理のみならず、台所仕事の話になることがあります。あるインタビュアーさんは「料理をするたびに、ふきんを何枚も使ってしまう」とおっしゃる。また違う方は「たくさん使いたくないから、まな板はふきんで拭かずにビショビショのまま使っています」とおっしゃる。ふきん問題でみなさんお困りのようです。

かく言う自分はどうかといえば、一度の料理で使うのはふきん2枚です。この2枚は、必ず真っ白なふきんです。なぜ真っ白かというと、汚れがすぐにわかるからです。

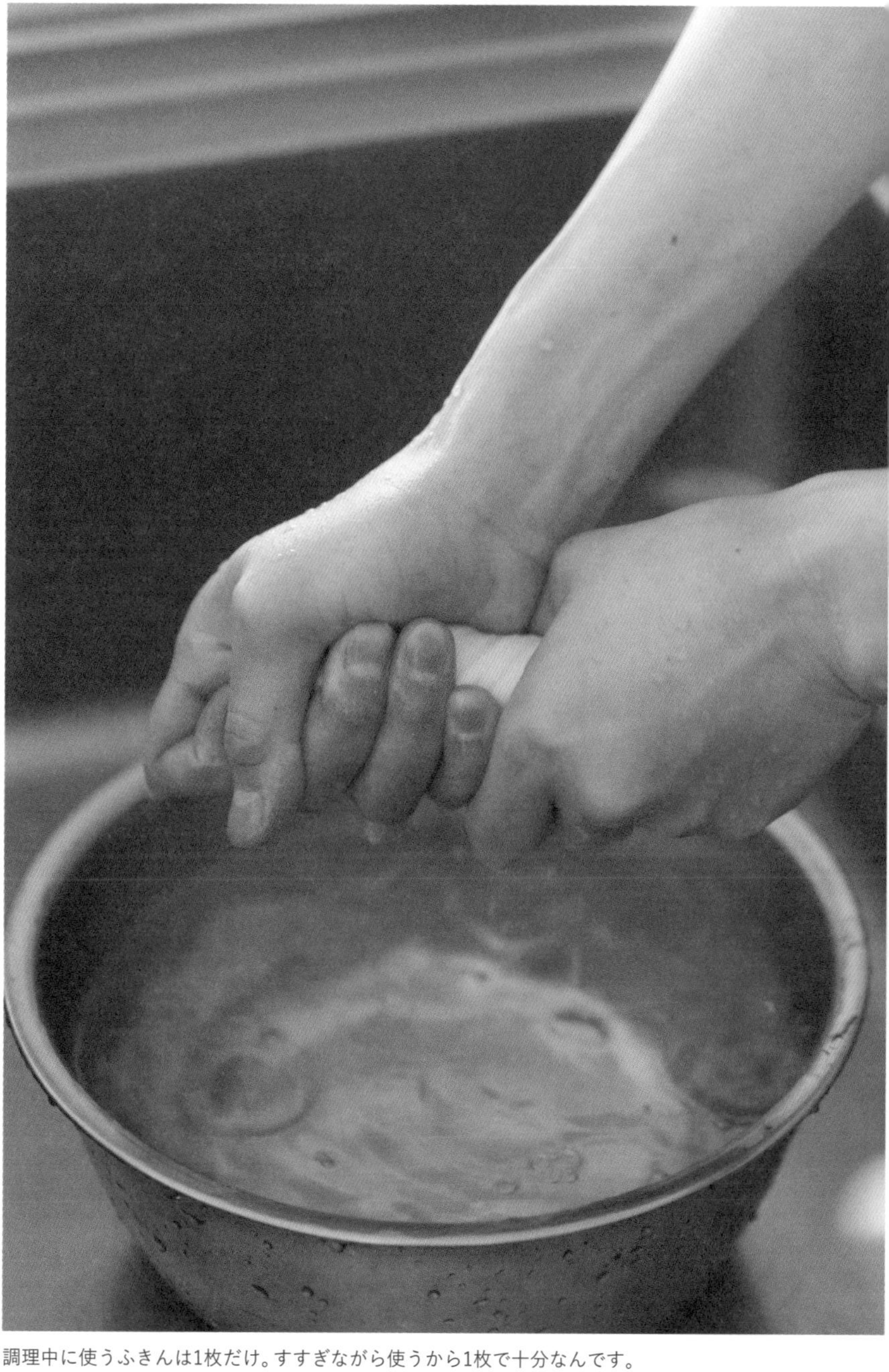

調理中に使うふきんは1枚だけ。すすぎながら使うから1枚で十分なんです。

2枚のふきんをどんなふうに使うのか、ちょっと実況してみましょう。まな板で野菜を切り終わると、水洗いしてぎゅっとかたく絞ったふきんで、まな板を拭く。きれいになったまな板で次のものを切ったら、水洗いしてぎゅっと絞ったふきんで拭く。ボウルや菜箸も、使って洗ったら、水洗いしてぎゅっと絞ったふきんで拭きます。先ほどまな板を拭いたのと同じふきんです。このふきんで鍋も拭きます。作業台にしょうゆがこぼれたときも、ガスコンロのまわりが汚れたときも、すべて水洗いしてぎゅっと絞ったこのふきんで拭くのです。

お寿司屋さんがそうですよね。私はお寿司屋さんの仕事ぶりを見るのが大好きなんです。生ものを扱うから清潔第一のお寿司屋さんは、1枚のふきんをしょっちゅう洗って水で清めながら、あらゆるものを拭いて清潔を保っている。見ていて気持ちがいいです。あれと同じことを私もしているのです。うちもお寿司屋さん方式です。

白いふきんであちこち拭くと、ふきんにシミがつくことがよくあります。ですから料理を始めるとき、最初に水をはった大きなボウルをシンクの中に用意しておきます。そこに漂白剤をちょっとたらして、ふきんのシミが気になったら、ボウルの中に浸けておく。すると、ものの2~3分でシミなどが消えています。そうしたら、ふきんをまたきれいに水洗いして、鍋やまな板を拭く……これがいつもの私のやり方です。

この方法なら、料理中ずっと1枚のふきんですみます。もう1枚のふきんを使うのは、食器を洗って戸棚にしまう前、最後の仕上げに水気をしっかり拭き取るときです。これは乾いた状態のふきんです。それで合計2枚のふきんというわけです。

逆にちょっと不思議に思います。台ぶきんと、洗った鍋を拭くふきんを、わざわざ分ける必要はどこにあるの?と。きれいにしてあれば、調理台やガスコンロのまわりと鍋とはあまり変わらないのではないかしら。ふきんをわざわざ使い分けても、ふきんをあまり洗わないで使っていれば、むしろ衛生面が心配です。それに汚れたふきんが何枚もたまれば、洗濯物が増えて大変ですよね。

日本は水に恵まれた国です。水の文化です。〝水で洗って清める〟ことは、日本ならではの習慣です。ふきんを洗いながら料理をすれば、辺りはきれいに保てるし、ふきんの枚数は少なくてすむし、一石二鳥なのです。

# ふきんは暮らしを支えてくれるもの。お皿を拭いて、子供たちを洗って、床を拭いて。やわらかくて丈夫な、飛鳥クロス一筋です。

ふきんにはちょっとうるさいです。毎日使うものの中で、私がいちばんこだわるのはふきんかもしれない。ふきんはすごく大事です。

真っ白いふきんにこだわるのは昔からで、いろいろなものを使ってきました。そしてたどり着いたのが、「飛鳥クロス」という名前のふきん。これがないと私は生活できないです。それぐらい大事。ずいぶん昔に「いいふきんがありますよ」とクッキングサロンの生徒さんに教えていただき、使ってみたら惚れ込んでしまって。それ以来20年以上、飛鳥クロス

このふきんなしでは生きていけない、と思うぐらい惚れ込んでおります。

一筋。浮気心も起きないぐらい大好きです。

縁取りも何もない、真っ白なふきんです。ガーゼみたいなやわらかな風合いで、適度な厚みがあり、じゃぶじゃぶ洗ってもガンガン漂白しても、本当にへたりにくいです。驚くほど丈夫で、しかも使うほど、洗うほどにふっくらとやわらかさが増していくよう。

このふきんのいいところはまだまだあります。お皿を拭いたあとに繊維が残りません。水けをよく吸ってくれます。洗って絞ってそこいらへんにかけておくと、たちまち乾き始めます。だから調理中に2枚のふきんですむのです。サッと洗い流すだけで、汚れが簡単に落ちます。そしてお値段も長持ちするわりにお安いと思います。3枚入りで760円。

奈良の蚊帳《かや》ふきんと呼ばれるものの仲間なのでしょう。綿50%＋レーヨン50%の蚊帳の生地を使っているそうです。でも、飛鳥クロスはほかの蚊帳ふきんとは、どこかが違う気がする。やわらかさ、丈夫さ、吸水性や速乾性……すべての点で優れている気がします。

調理に使うだけでなく、使い古した飛鳥クロスを、私は床を拭いたりする掃除の雑巾としても使っています（18ページ）。汚れやほこりをよく吸い取ってくれて、洗えばすぐに落ちるので、床拭きにも飛鳥クロスが最高です。つまり、ふきんにしろ雑巾にしろ、うちにある「拭くための布」は飛鳥クロスだけなんですね。

やわらかくて肌触りがやさしいので、子供たちが小さいころは飛鳥クロスでからだを洗っていました。病床にあった北京の父のからだも、このふきんで拭いてあげていました。だから飛鳥クロスは、私の生活に欠かせないもの。単なるふきんとは思っていません。何にでも使えて、私の暮らしを支えてくれるかけがえのないものです。

漂白剤を入れた水のボウルに浸けて、シミを落としながら調理中に使うことを前の項に書きました。調理の最後にもそのボウルの中に使ったふきんを入れて、しばらく浸けてから洗います。そうして、ふきんを真っ白い状態にして、その日の食事が終わるのです。

しっかり洗濯するときは、飛鳥クロスだけをまとめて手洗いします。食器洗い用の洗剤を少したらした水でじゃぶじゃぶ洗って、ゆすいで絞って干しておしまい。雑巾として使っている飛鳥クロスは、漂白剤を入れた水に少し浸けておいてから手洗いします。雑巾も真っ白でないと私は嫌なのです。

使い続けて、いよいよボロボロになったふきんは、最後はベランダなどの外まわりを拭いたり、年末の大掃除に使ったりしてからサヨナラします。本当に最後までのお付き合いです。

# 洗い物は、まず鍋から洗う。温かいうちに洗うのがコツ。そうすれば洗剤はいりません。

台所の洗い物に使うのはスポンジです。たわしも持っていますが、たわしを清潔に保つには、外で乾かさないといけないでしょう。それがちょっと面倒なんですよね。だから、たいていのものは水切れのいいスポンジで洗います。

食器などを洗うのは無印良品のスポンジです。白いシンプルなスポンジで、3個入りで299円。スポンジはきれいな状態のものを気持ちよく使いたいですから、値段が手頃で、そこそこしっかりしたものがいいと思います。

洗い物は鍋から。「コゲ落ちくん」で外側もゴシゴシと。

鍋類には、ドラッグストアで売っている「コゲ落ちくん（レック）」という少しかためのスポンジを使うことも多いです。これはサイズが大きいので、自分で半分に切って使いやすいサイズにして使っています。ドラッグストアが5倍ポイントのときに、たくさんまとめ買いをします。

食器を洗う洗剤は、石油を使っていない自然派のものですが、これもドラッグストアでよさそうなものを選んでいます。でも、それ以前に私は基本的に洗剤を使わないのです。使ったとしても、ほんの少し。みなさんが驚くぐらい少ない量だと思います。油を使った鍋でもそう。温かいうちに水で洗えば、洗剤を使わなくても汚れはきれいに流れ落ちます。みなさんにおすすめします。

調理中、特に鍋やフライパンは、使い終わったらすぐに洗うにかぎります。温かいうちにスポンジでこすれば汚れは落ちやすいし、洗って置いておけば、鍋が温かいので自然に乾いてくれます。鍋は場所をとりますので、使ったらすぐに洗って乾かして、かたく絞ったふきんで拭いて所定の場所にしまう。そうすれば、ほかの洗い物がのびのびとできます。

ボウルやまな板などの調理道具も、使い終わったらすぐに洗って、水切りかごに入れ、かたく絞ったふきんで拭いて、元あった場所にしまいます。「まだ使うかも」と道具を出しっぱなしにしておかないで、いったんしまったほうがむしろ効率がいいように思います。

ちなみに私がよく使うまな板は2枚。1枚は普通のサイズの木のまな板で、これは野菜用です。キャベツでも白菜でも、野菜は切るとかさが増えるので、まな板は大きめのほうがいいです。野菜を切った程度なら洗剤をつけずに水でサッと洗えばいいので、それほど大変ではないですよね。

もう1枚のまな板は、奥行き15㎝ほど、幅が30㎝あるかないかぐらいの小さな木のまな板で、こちらは肉や魚用です。肉や魚は、切っても野菜ほどかさが増えないので小さなサイズで十分です。脂の多い肉を切ったら洗剤をつけて洗いますが、まな板が小さければ洗うのがラクでしょう。だから小さいサイズなのです。

私は洗い物をためないし、水切りかごの中にも食器や道具類をためません。使った道具は調理中にせっせと洗って拭いて、元の場所に戻します。だから「さぁ、ごはんを食べましょう」というとき、調理道具は何も出ていない状態です。調理台の上が片付いていて十分なスペースがあれば、盛り付けもしやすいです。「きれいに盛り付けよう」という気持ちになれます。食後に洗うのは食器だけなので、ゆったりと洗うことができるから、食器を割ったり、壊したりすることもないんです。

# 目でも楽しむ熟成コーナー。今日のトマトと明日のトマトは顔つきが違います。

キッチンカウンターのいちばん端っこに、いつもトマトが並んでいます。細長いボートみたいな石皿の上に、ぽん、ぽん、ぽんとたいてい5つのっています。たまに4つや3つのときもありますが、それは食べちゃったとき。食べるとすぐに買ってきて補充します。真っ赤なトマトは飾っておいても可愛くて、お花の代わりになってくれます。

なぜトマト？　よく食べるからです。ウーの元気はトマトで作られるんですよ、と言いたいぐらい、わが家にトマトは欠かせません。

台所の熟成コーナー。トマトだけでなく、キウイもパイナップルも熟成させます。

トマトの約90%は水分ですが、完璧な栄養もたっぷりです。美容と健康によいビタミン類、抗酸化作用のあるリコピンなど、私たちのからだが欲する栄養素をたくさん含んでいます。トマトジュースがいいと言われるけれど、塩分などを入れて加工したものよりも、シンプルに完熟のトマトを食べたほうがよいというのが私の考えです。

朝ごはんに、完熟のトマトを1個食べます。塩？　マヨネーズ？　トマトじたいに味があるのだから、いらないですね。ちゃんと味のあるものは、自然のままで味わいます。そのほうが味覚が冴えるし、カロリーのとり過ぎも防げます。

朝にトマトを食べると、栄養のある水分がからだの中に入って、体内がじんわりと潤います。トマトそのものを食べれば、消化に時間がかかる分、ただの水よりも水分の体内滞在時間が長いのです。逆にジュースでも水でも、一度に多く飲むと水分がたくさんとれたようでいて、すぐにトイレに行きたくなる。これでは水分が体内に行き渡る前に、外に出てしまう感じです。

じわじわとからだに行き渡る栄養のある水分＝トマト。どうです、すごくからだによさそうで、トマトが食べたくなってきたでしょう。私がトマトを愛する理由もおわかりいただけたかと思います。

キッチンカウンターに飾ったトマトは、実は常温に置いて熟成させているのです。完熟させたほうがだんぜんおいしいですから。

スーパーに並んでいるときは、トマトは完熟とはいえない状態です。本当に完熟したトマトはすぐに食べないと悪くなりますから、お店では完熟より一歩も二歩も手前のトマトを置いています。だから買ってきたらすぐに食べないで、常温に数日置いて追熟させる。「きれいですね」「可愛いね」と目で楽しむ。毎日トマトを観賞していると、昨日のトマトと今日のトマトの顔つきが違うことに気づきます。あら、昨日よりもお肌がシナッとしてきたかな、赤みが少し深くなってきたかな、などなど。こんな変化が完熟の合図。そろそろ食べ時です。朝ごはんに生で食べましょうか。それとも卵と一緒にスープで食べましょうか。

「トマトと卵のスープ」も本当によく作るわが家の定番。鍋に太白ごま油大さじ1をひいて、斜め切りにした長ねぎ1本を炒めます。ねぎが色づいたらしょうゆ大さじ2を入れ、香りがたったら水3カップを入れます。完熟トマト2個をざく切りにして加え、トマトの形がほとんどなくなるまでクッタリ煮たところで、火を強めて溶き卵2個分を流し入れ、ごま油で風味をつけます。トマトのうまみでいただく栄養たっぷりのスープです。

# 鍋と食器とれんげ。好きなものは買ってしまいます。

鍋が好きで、年に一度しか使わないようなお鍋もいろいろ持っています。あまり使わない鍋は、キッチンの裏の収納スペースの棚に並べてあります。

あまり使わないのだから必要ないんじゃない？　という考え方もあるけれど……年に一度の楽しみっていうのも、あってもいいんじゃないかしら、と思うのです。毎日食べるのはからだのことを考えた食事でも、年に一度や二度、誰かの誕生日とか人を招いたときは、リッチなチーズフォンデュとかしゃぶしゃぶとか、非日常的なハレの食事を楽しみます。

これがブルーウィロー。絵柄はもちろん、青の色も微妙に違っていたりするんです。

そういうときは料理を食べることはもちろん、ごちそうを用意して作るという楽しみもあります。お鍋はそういう〝食の楽しみ〟を盛り上げてくれるものです。

食器も大好きで、たくさんあるのに素敵なものを見つけると買ってしまいます。

仕事柄ということもありますが、よいものを見つけると、すーっと吸い寄せられるといいますか、そのもののとりこになってしまう感じで、欲しくなってしまうのです。

中国の古いもの、日本の古いもの、西洋の古いもの、現代のもの、全部好きです。中でもブルーウィローは、18～19世紀にイギリスで作られた白磁に青い絵付けの器で、私の大好きなシリーズです。柳（ウィロー）の木の間を小鳥が飛んでいる風景は中国の恋愛物語がテーマになっているそうで、西洋人の東洋への憧れが感じられてロマンティック。窯元によって絵柄が少しずつ違ったり、ブルーの色も違ったりするのが愛しくて、旅先の骨董品店で見かけるたびに、つい持ち帰ってしまいます。

ブルーウィローに朝ごはんのパンや果物や卵料理をのせると、すごく素敵です（39ページ）。青×白のお皿は、食べ物の赤、黄色、緑などの色を引き立ててくれます。中国や日本の染付にも通じるところがあるから、ブルーウィローは中国料理や日本料理にも合います。１０１ページで肉団子を盛り付けたのもブルーウィローの小ボウルです。

もうひとつ、骨董屋さんで見つけると買ってしまうのが、れんげ。中国ではスプーンではなくれんげを使いますが、古いれんげは形が少しいびつだったり、小さな草花が手で描かれていたりして、とても可愛らしいんですね。れんげは汁物だけでなく、チャーハンや丼物、ヨーグルトなどのデザートを食べるときにも便利。

私は器の国籍を問わず、さまざまな国のものを自由に組み合わせて使っています。ヨーグルトを入れた中国の小鉢を、京都の骨董屋さんで買った漆のお皿にのせて、ベトナムのれんげを添えてみたり（47ページ）。器は買ったら、高価なものでも日常でどんどん使って楽しみます。ちなみにヨーグルトを食べるときはいつも、水牛でできたベトナムのれんげを使います。このれんげで食べると、とてもおいしい。

北京の生家は古い家なので、年代もわからないような古い染付や白磁や青磁のお皿がたくさんありました。日本の古伊万里も陶器も漆器も好きでいろいろ持っています。とにかく量が多いし、まだ新しい出会いがあることを見越して、収納スペースの壁一面を床から天井まで造り付けの食器棚にしました。たっぷり収納できますから、まだまだ出会えます。好きな器だけは我慢しない。私の大きな楽しみです。

# 家の中でいちばん大事なのはキッチン。2番目が寝室。リビングは本当はなくたっていいのです。

私もだいぶ人生のキャリアを積んできまして、暮らしの中で大事なことがわかってきた気がします。繰り返しお伝えしている通り、住まいの中でいちばん大事なのは、家族や自分の健康を作るキッチンです。だから、自分にとって使いやすくて快適に過ごせる場所にするために、贅沢をしてもいいと思います。次に大事なのは、ベッド。寝室です。ベッドも快適さにこだわって、許されるかぎり贅沢をしてもいいと思います。

ごはんをちゃんと作って食べて、ゆっくり寝る。これさえ叶えば、人は元気に幸せに生

ダイニングテーブルはできるだけ大きいほうがいい。みんなが集う場所ですから。

きていけるのです。

家をつくったときにリビングスペースを広くとったのですが、最近は使うことが少なくなっていて息子に言われます。「僕の友達が来るときしか、このリビング、使ってないじゃん」って。本当にそうなんです。うちの子供たちが友達をたくさん連れてくるのは昔からのことですが、成人した今もそうで、息子の友達の結婚式の三次会が、うちのリビングで行われたりする。いいんですよ、それでいいんだけれど、私がほとんど使っていないだけに、彼らのためにこの広い部屋をつくったんじゃないかって思うほど。そのぐらいふだんリビングは使っていない。じゃあ、どこにいるのかというと、キッチンにいるのです。

これから家をつくる人にアドバイスをするとしたら、毎日使う場所にどうぞお金をかけてください、ということを伝えたいです。キッチンと寝室と、それからお風呂。この3つはできるだけ贅沢をしてください。あとのものはそれほど重要ではありません。

住まいの空間だけでなく、ものにしても同じです。お金をかけるべきなのは、外見をよく見せるアクセサリーや服よりも、毎日使うタオル、毎日使うふきん、毎日使うコップ、毎日使うシーツです。日々使うものこそ、よいものを選んだほうがいい。タオルの肌ざわりのよさが、豊かな気持ちをつくってくれる。ふきんのやわらかな手触りが、台所仕事を楽しいものにしてくれる。本当です。肌から感じる心地よさが、その日の気分をつくってくれるところは大きいです。どんなものを食べたいか、からだに聞くのと同じで、頭ではなくからだが心地よいと感じていることが大事です。

住まいでもうひとつ、私が大事だと思うもの、それはダイニングテーブルです。リビングにソファはいらないかもしれないけれど、ダイニングルームには大きなテーブルが必要です。それもできるだけ大きなテーブルがいいです。たとえ空間が狭くなっても、テーブルは大きいほうがいいというのが私の考えです。

なぜかって、テーブルは人が集まる場所だからです。みんなでごはんを食べることはもちろん、テーブルの上が広々としていれば、たとえば美しい写真集を広げて、みんなで見ることができる。おいしくてたくさん取り寄せたくだものを、みんなで分けることもできる。ノートを広げて、次のプランをみんなで相談できる。もちろん、お茶を飲みながらのおしゃべりから、いろんな発想も湧いてきます。

広いテーブルがあれば、そこから新しい未来が生まれる気がするのです。

# 洗面所も「ほんの少しの出しっぱなし」主義。ものはすべて使うところに置いて手に取りやすく、戻しやすく。

ふだんは人にお見せしないけれど、バスルームは、私の暮らし方のエッセンスが詰まっている場所かもしれませんので、こっそりお見せします。初公開です。

うちのバスルームは、お風呂と洗面所がくっついている個室です。ドアを開けると洗面所になっていて、右手にバスルームがあります。ドアを閉めておけば、歯を磨いているのも、着替えをしているのも誰からも見られないわけです。

洗面所の正面は、鏡のある洗面台です。いつも洗面台の上にドライヤー、歯ブラシ、歯

洗面台のありのままの姿。誰にも見られないから自分の使いやすいように。

磨き粉、うがい薬、ヘアブラシが出しっぱなしになっています。戸棚の中にしまったりせず、出しっぱなしです。毎日使うものは使いやすいようにしておくのがいちばん。だから出しっぱなし。それに歯ブラシは濡れるから、戸棚の中にしまうよりも出しっぱなしのほうが乾いて衛生的だと思います。

「せめてトレイにまとめたほうがよくないですか？」というご意見もあるかもしれませんね。でも、私の考えはこうです。トレイにまとめると、見た目はすっきりするけれど、トレイじたいが汚れます。そうでなくても水回りは汚れやすい。水とホコリが一緒についてしまったトレイを拭くために、上にのせたものをいちいち下ろして、掃除しなければなりません。これが手間なんです。じかに置いておいたほうがだんぜんラク。私は洗面台を拭くときは、置いてあるものを「ちょっとこちらに来てくださいね」とゴソッと移動させて、サッと拭き掃除をして、「はい、お帰りなさいませ」と元の場所に押し戻します。これがいちばんだと思います。

ゆったりとスペースをとった洗面所は、ランドリースペースも兼ねています。洗面台の左手の壁に腰高の棚をつけて、この下に洗濯機を仕込んであります。洗濯機の隣には大きな洗濯かごを置いています。お風呂に入るときに脱いだ衣類はこの中へ。使ったタオルもこの中にポイッ。隣の洗濯機で洗えばいいので合理的です。

私が3日間留守にして、その間に息子が家に帰ってきていたりすると、大きなかごに洗い物がいっぱいになっていて頭にきますよ。でも、仕方がない、と思ってお洗濯します。このように、生きていればストレスだらけですから、せめて家事はスムーズかつラクにできる環境を作っておきたいものです。

腰高の棚は、作業台でもあります。洗ったタオルはここでたたんで、棚の隅に重ねておく。これがわが家のタオルメンテナンスのすべてです。同じ場所に立ったままで、洗ってたたんで重ねておくだけだから、こんなに簡単なことはないです。

洗濯ネットもハンガーも、この棚の上が指定席です。アイロン台もここにあって、アイロンがけも洗面所でします。つまりランドリー関係はすべて、この部屋で行えるわけで、そのためにスペースをゆったりととったのです。「使う場所に使うものを」の法則です。

ただひとつだけ、残念な点があります。扉が横開きのドラム式の洗濯機はかっこいいし、上のスペースを使えていいのだけれど……機能的にはいまひとつです。私にとっては普通の洗濯機のほうが使いやすい。ご参考までに正直なところをお伝えしておきます。

# タオルは家族別に分けず、同じもので揃える。すっきり暮らす法則です。

家の中が散らかる原因のひとつは、いろいろなものを持っていることだと思います。サイズ、形、色、材質などが違うものが混在すれば、どうしたってごちゃごちゃします。外に出しておけば見た目がガチャガチャするし、戸棚に収めるにしても、大きさや形の違うものは重ねることができないので、今度は戸棚の中がガチャガチャする。

この真理に私はわりと早くに気がつきましたので、うちは昔から「たくさん持つものは同じもので揃える」派です。

タオルはたたんで出しっぱなし。手前のモコモコは無印良品のバスマットです。

132ページでお伝えした通り、ふきんは飛鳥クロス1種類だけを使っています。いろいろなクロスを使う楽しみもあることは知っていますが、毎日「使って」「洗って」「しまう」ものですから。文字にすれば簡単ですが、「使って」「洗って」「しまう」のは結構な手間です。365日、毎日ですから。

なので、この点は私は機能性をとりたい。ふきんを1種類で揃えていると、収納はとてもラクです。洗ったら、ふきんの端と端を揃えてふたつにたたんで、戸棚のふきんコーナーに重ねておくだけ。大きさが揃っていれば、ふたつにたたむワンアクションで棚にすっきり収まる。色が白1色だから、見た目もきれいです。

タオルも、昔からうちは家族ごとに分けることはしませんでした。子供たちが小さかったころも、花柄やキャラクターのついた子供用のタオルは買わず、大人も子供も同じタオル。娘に言われたことがありますよ、「みんなは可愛いタオルを持っているのに、どうしてうちにはないの?」って。こういうときの私の返答は、「人は人、うちはうちです」。

今使っているのは、フェイスタオルもバスタオルもすべて同じ種類で、グレーの色で統一しています。「毎日使うものこそいいものを」がポリシーなので、わりと品質のよいタオルを選んでいます。フェイスタオルが10セット、バスタオルが10セット。一年に1回、同じものを10セットずつ買い換える……というのは理想で、一年の終わりになるとタオルを顔に当てて匂いを嗅いで、「まだ大丈夫」と思えばそのまま使います。タオル代も意外とバカにならないですから。ちなみにお客様用のタオルはありません。家族用と区別しない。だって、タオルを使うようなお客様が年に何回来ますか？　来るか来ないかもわからない方専用のタオルをストックするのは、あまり意味のないことだと思います。

タオルにグレーを選ぶのには理由があります。色でいえば私は白と黒が好きで、性格的にも白黒はっきりさせたいほう。それなのにタオルだけがグレーなのは〝危険人物〟がいるからです。外で遊びまわっていたころのまま大人になったような人物が、うちにはおりまして。たまにわが物顔で家に帰ってくるのですが、タオルで何を拭くかわからない。そう、息子です。だから真っ白ではなくグレーを選んでいるのです。

タオルの定位置は、腰高の棚の上。重ねて置いてあるだけで、特に収納はしていません。だって毎日使うでしょう？　毎日使うものは出しっぱなしでいい、というのも私のポリシー。戸棚や引き出しにしまうと、出したり入れたり面倒です。洗ったらたたんで、台の上にポンと重ねて置いておく。手間がかからず簡単なのがいちばんです。

# 4 生きること

# どんなに忙しくても「行ってらっしゃい」は必ず言う。それには理由があります。

息子は中学生のころ、部活で朝5時に家を出るのが日課でした。前の晩どんなに遅くても、仕事で疲れていても、私は早起きしてお弁当を作り、朝ごはんを食べさせて「行ってらっしゃい」と見送りました。「行ってらっしゃい」だけは必ず言っていました。もちろん娘にもです。「行ってらっしゃい。気をつけてね」という言葉とともに送り出します。

それに引き換え、「お帰りなさい」はかなり雑です。無事に帰ってきたんだからいいのです。夕飯を作っていて手が離せず、「お帰り」を言わないことも結構あります。でも「行ってらっしゃい」は、これから外に出ていくわけで、もしかしたら帰って来られないかもしれない。だから必ず言います。「行ってらっしゃい」は、私は〝お守り〟だと思っているんです。

こう考えるようになったのは、哀しい出来事がきっかけでした。20年近く前のことです。親しくしていた人が突然亡くなったのです。お腹に赤ちゃんのいる人で、朝起きたら亡くなっていることにご主人が気づいた。突然死です。

ついこの間、会ったばかりなのに……。どうして、とすごくショックで。やりきれないつらさの中でいろいろ考えました。そうか、家から元気に出かけた人が、帰らないことだってあるんだ。「またね」と別れた人と、もう会えないこともある……。

それからです。今日を大事にしよう、と思うようになったのは。家族とも友人や知人とも、一緒に過ごせる時間は実はすごく尊いのです。だから送り出すときは「行ってらっしゃい。気をつけて」のお守りを渡す。「また会いましょうね」と言って姿が見えなくなるまでお客様を見送ることもお守りです。私の日々の中で、これはとても大事なことです。

# 料理をするのもドアを閉めるのも私は静かです。音がうるさいとみなさんを不快にさせるでしょう？

みんなで料理をしていると、どうしてこんなに音が出るのかな、と不思議に思うことがあります。

私自身はとても静かなんです。料理するときはほとんど音を立てない。洗い物をするときもそうです。よく、中華鍋とヘラでガチャガチャやって、ボウッと強い火で炒めて、できたチャーハンのお皿をドンッと置いたりする光景をテレビなどで見かけますが、私の場合、そんなふうに料理をすることはまずありません。

クッキングサロンの事務所は半地下。窓から見える緑の景色は一服の清涼剤。

料理中の私があまりにも静かなので、料理の撮影をしているときなど、キッチンを覗きに来る人がいるぐらいです。「忍者ですか?」というぐらい本当に音を立てない。それでいて、料理を作るのは速いんです。

北京の母もそうです。母は天真爛漫で明るくておしゃべりが好きで、いつもペラペラとしゃべっている人。そしていつも雑巾を持って、ちょこまかと家中を拭いている。そんなキャラクターの母が台所に入ると、すうっと音がなくなる。「いるんですか?」と思うぐらい、静かにひたすらチャーハンのご飯を炒めている。それでいて料理が出てくるのは早いです。だから、静かに料理をすること=ゆっくり料理をすること、ではないです。音を立てて料理をすること=手早く料理を作ること、でもありません。

台所仕事だけでなく、引き出しやドアの開け閉めも、歩くのも座るのも、私は音を立てないと思います。これはもう習慣です。無意識にやっているんです。でも意識していないところで、実はすごく意識が働いているのかもしれない。うるさい音は人を不快にさせる――という意識です。

音でも、まな板の上で野菜を切る音はあまり不快ではないでしょう? 鳥の鳴き声や風の音や雨の音、波の音も不快じゃない。雷の音だって、ちょっと怖いけれど、でも不快ではありません。それは自然の音だからです。

逆に静かな部屋の中で、誰かひとりだけカチカチカチカチと、大きな音でパソコンのキーを叩いていたら、「どうして気にしないのかな」と思います。耳ざわりな音を立てているのに、そのことに本人は気づかないのかな、と。

音を出さない工夫はできると思うんです。使いかけのおたまをポンと置くのでも、なるべく音のしない置き方があるはずです。日常の中でそのつどそのつど、ちょっと意識するだけで、音は静かになると思います。

誰だってキッチンにずっと立っていたいわけじゃないですよね。さっさと洗い物を片付けて、次のことをしたい。気持ちはみんな同じです。それを、ガチャガチャと音を立てながら洗うのか、赤ちゃんをお風呂に入れるように静かにていねいに洗うのか。まわりの人を不快にさせないだけでなく、こういう習慣は、自分の気分も変えていきます。

自分自身が気持ちよく静かに台所仕事をする、戸棚を開ける、ドアの開け閉めをする。そんなあなたであれば、人に気持ちのよさを渡すことができます。自然以外の音を立てない意識を持つこと。それを心がけるだけで、生きる価値が上がると思います。

# 人には裏があっちゃいけないと思う。いつでも、どこにいてもすべて表のウーですよ。

スタッフや子供の友達といった親しい人に対しては、私は結構、口のきき方が悪いときがあります。息子の幼なじみで昔からうちに来ている子に、「君の結婚式には必ず行って、やんちゃだったころのことをスピーチで全部話すからね」なんて冗談で言ったりして。

言葉の悪さは、人と楽しく過ごすための私流の方法でもあります。「ウーさんはユーモアがありますね」とよく言われますが、人といるときは、とにかくその場を楽しくしなければ、と思うんです。そのために面白いことを言ったり、わざと悪い言葉を使ってみたり、

コムデギャルソンの小さなお財布は旅用。真ん中に小銭が入ります。

どうも私はそういうことをしてしまうみたいです。

でも言葉は悪くても、愛情を持って話していれば、決して悪いふうには受け取られないものです。そして大事なのは、裏がないこと。人には裏があっちゃいけないと思う。本心を隠したり、表面だけで話を合わせたりしていると、人といい関係を築くことはできません。

裏表がない。ウーはすべてが表です。なんでもお見せしますよ、というオープンな気持ちです。そのうえで、自分の考えや意見をはっきり言う。そうすると、違う考えや意見を持つ人と話していても、「なるほど、ウーさんはそうなんですね」と受け取ってもらえます。

私自身も、自分と違う考えや意見を持つ人に対して、嫌だなと思ったり、私とは違うから、と敬遠したりはしません。人は違ってあたりまえです。「そういう考え方もあるんですね」「そういうやり方もありますね」と受け止める。そのほうが世界が広がるし、第一気持ちがいいです。

いつ、どこにいても、誰に対しても、この姿勢は変わらない。変えたくないのです。

私は旅が好きなのですが、旅先でもそうです。いつも暮らしているところと違う場所へ行けば、風景も習慣もマナーも食べ物も、人の考え方も違ってあたりまえ。〝違うこと〟

に出会いたくて旅に出かけるのです。〝違うこと〟と出会うためには、表だけの自分でいることが大前提です。

初めて見る風景、初めて会う人、初めて口にする食べ物……。表だけの自分でいれば、素直に「きれい」とか「すごい」とか「不思議」と感じることができます。感じたことを「すごいですね」「変わっていますね」と口にすることもできます。そこから現地の人とコミュニケーションが生まれたりします。ところが裏の自分がいて、気取ったり、取り繕ったりしていれば、相手は警戒しますから、〝違うこと〟が近づいてくれないのです。自分自身が解放されていなければ、旅に出ても、自分の小さな殻から出ることはできません。

思うのですが、ストレスって自分が生み出しているんですよね。表の自分だけで生きていると、ストレスは少しだけですみます。現に旅先でストレスを感じることが私はありません。だからなのか、みんなに驚かれるぐらい少ない荷物で、日常の延長のようにパッと旅に出てしまえる。旅先では毎日同じ人に会うわけではないから、毎日同じ服でもいいいんじゃない？　そう思うから持っていく洋服も少しだけ。身軽です。いくつになっても身軽に気楽に好奇心いっぱいに、旅するように生きていたいと思うのです。

# 子供の前に立ってはだめ。後ろにいて、彼らの見る方向を一緒に見なさい。北京の母に教わったこと。

子供たちがまだ幼いころ、ふたりを北京の実家に連れていったときの話です。彼らは当然、家の中を走りまわったり、ものを散らかしたり。私は「危ないから走っちゃだめ」「そっちへ行かないの。おじいちゃんの大事なものがいっぱいあるんだから、壊したら大変でしょう」と制してばかりいたようです。そんな様子を見て母がある日、目に涙を浮かべて私に言いました。「なんで子供たちに『だめ』しか言わないんですか。思い出してください。ママがあなたに『だめ』って言ったことがありますか」。

捨てられずにとってある子供たちの使った食器。鉛筆形の箸も可愛いでしょう？

確かに私は母から「だめ」と言われたことがありません。どんなことでも、母は私のやりたいようにさせてくれた。進路にしても何にしても母が意見を言うことはなくて、全部、私の望み通りに自由にさせてくれました。北京への里帰りのときに母はこうも言いました。「子供の前に立って、『こっちに来なさい』と引っ張ったり、『そっちはだめ』と制したりするのは簡単です。でも、親が立つのはそこじゃない。子供の後ろに立つんですよ。後ろに立って、子供が何をしたいのか、どこへ行きたいのか、彼らの見ている方向を一緒に見る。そして、うまく行くように応援するだけでいい。それが親の務めです」

子供の教育というのは、母のこの言葉に尽きる気がするのです。

以来、私も「だめ」と言わなくなりました。「友達をうちに連れてきてもいい?」と言われれば「どうぞどうぞ」。いつ何人来てもおやつやごはんを出せるように、いつも用意していました。

進路についても私は口出しをせず、子供たちが行きたいという学校へ行かせました。娘は中学進学のときにいきなり、カトリック系の名門女子校へ行きたいと言ったんです。びっくりですよ。どうしましょう。

親子で面接を受けるのですが、父親は亡くなり、母親は外国人です。私は受験の世界のこと、なんにも知らないから困りました。それで家族みたいに親しくさせていただいている方に、その家のお子さんが名門学校を出ているから、ドアの開け閉めから何から面接の心得を教えていただき、おまけにスーツまで買っていただいて面接に臨んだのです。

面接官が3人いて、まわりはみんな、お父さんとお母さんと子供の3人連れ。うちだけが母娘ふたりです。娘もすごく心細かったと思う。質問じたいは「どうしてこの学校を選んだのですか」という素朴なものでしたが、私はなんだか涙が一気に溢れ出て。「この子は去年の今頃、父親を亡くしたんです。私は外国人ですが、娘をどうしても立派な人間に育てたいんです。この学校は女性を自立させるための学校と聞きました。自分の力は小さいですから、学校に力を借りたいのです。いろいろなことを学校に教えていただきたいんです」。涙が止まらないまま、気がつくと必死に話していました。

親は子供の未来を奪うわけにはいかない。子供が行きたい学校があるなら、もう、必死にやるしかない――。そんな気持ちだったと思います。娘も息子も、幸い本人が望む学校へ進むことができました。友達もたくさんできて、社会人になった今もうちに遊びに来てくれます。人の輪の中にいる子供を見るのは、親としていちばんうれしいことです。

## お父さんはうちだけの神様。その神様がいなくなったとき、これからは自分の力で人生を楽しくしなくちゃと思った。

神様は、いない。どこにいるんですか。主人が亡くなったとき、そう思いました。神様はいない、って。

主人が病死したのは2005年で、娘が11歳、息子が9歳のときです。まだ小さい子供たちを抱えて、これからどうやって生きていったらいいの?と絶望的な気持ちになりました。

私は外国人なので当時はクレジットカードも作れなかったし、主人の名義でリースして

事務所の窓辺にいらっしゃる恵比寿様と大黒様。知人から贈られた置物です。

いたファックスなども、全部契約が無効になってしまって。私の名前でリースをするには、保証人をつけなければいけないと言われました。外国人は世帯主になれなかったので、11歳の娘が世帯主になりました。万事がこの調子で、とても大変でした。

それなら帰化すれば？と言われるかもしれません。でも、どうなのでしょう。日本に帰化したとしても、私の中身は中国人です。本物の中国の家庭料理を紹介したい私が、帰化することにどういう意味があるのか。

子供たちは日本で生まれ育った日本人です。彼らにはこのまま、日本の環境の中で成長してもらいたい。だから私は外国人のままで、行政や法律で決められた厳しいルールに直面しながらも働いて、子供たちを育ててきました。

仕事の効率や移動時間のことを考えて、生活と仕事の拠点を1か所にまとめることにしたとき、思いきって家具やテレビなどいろいろなものを手放しました。当時はスペースがなかったので、ダイニングテーブルひとつで料理の撮影をし、夜はダイニングテーブルの下で親子3人、川の字に寝ていた時期もありました。あのころは本当に、「私が働いて、子供たちを育てなければ！」という思いだけで突き進んでいた。

私は無神論者ですが、主人が生きていたころ、子供たちにこう話していました。「うちにはうちだけの神様がいるんですよ。それはお父さん。お父さんはうちだけの神様ですよ」。その神様がいなくなってしまって、今度は自分が神様の代わりをしなければいけない、そう思いました。子供たちが生きていくには、太陽のような明るい神様が必要なのです。

どんなに忙しくても、子供たちのごはんは毎日作りました。あれこれ作るのは無理なので、その日に買った旬の野菜をなるべく手をかけず、シンプルに料理するようになりました。そうなのです。私の料理はこの時期があったからこそ、一歩も二歩も進化した。素材の味を活かした、ウー・ウェンのシンプルな家庭料理ができていったんです。

時間がない、お金もない――という状況の中で、物事の考え方も、ものとの付き合い方も、どんどんシンプルになっていきました。あれもこれもといろいろなものに手を伸ばすのは無理だから、本当に大事なものだけで生きていこう。お世辞を言い合ったり、人の噂話をする時間はないし、自分の思いや考えを人にはっきり伝えよう。そして、たくさんのものに囲まれるよりも、家族や友達と一緒にごはんを食べたり、みんなで笑いながらおしゃべりする時間のほうが幸せ――私のポジティブ思考は、マイナスがあったからこそ培われたものなのです。

# 今は、まわりにいてくれる人が私の神様。人の体温がいちばんあったかい。

主人が病床にあったとき、看病のためにクッキングサロンをお休みした時期があります。楽しみに通ってくださる生徒さんたちに申し訳ない――という気持ちと同時に、フリーランスで働く立場なので、仕事をいったん休めば将来へつながる道が立ち消えになってしまうかもしれない、という心配もありました。

そんな私にスタッフが言いました。「先生、またゼロからのスタートになってもいいじゃないですか。一緒にはじめから頑張りましょうよ」と。なんとありがたい言葉でしょう。

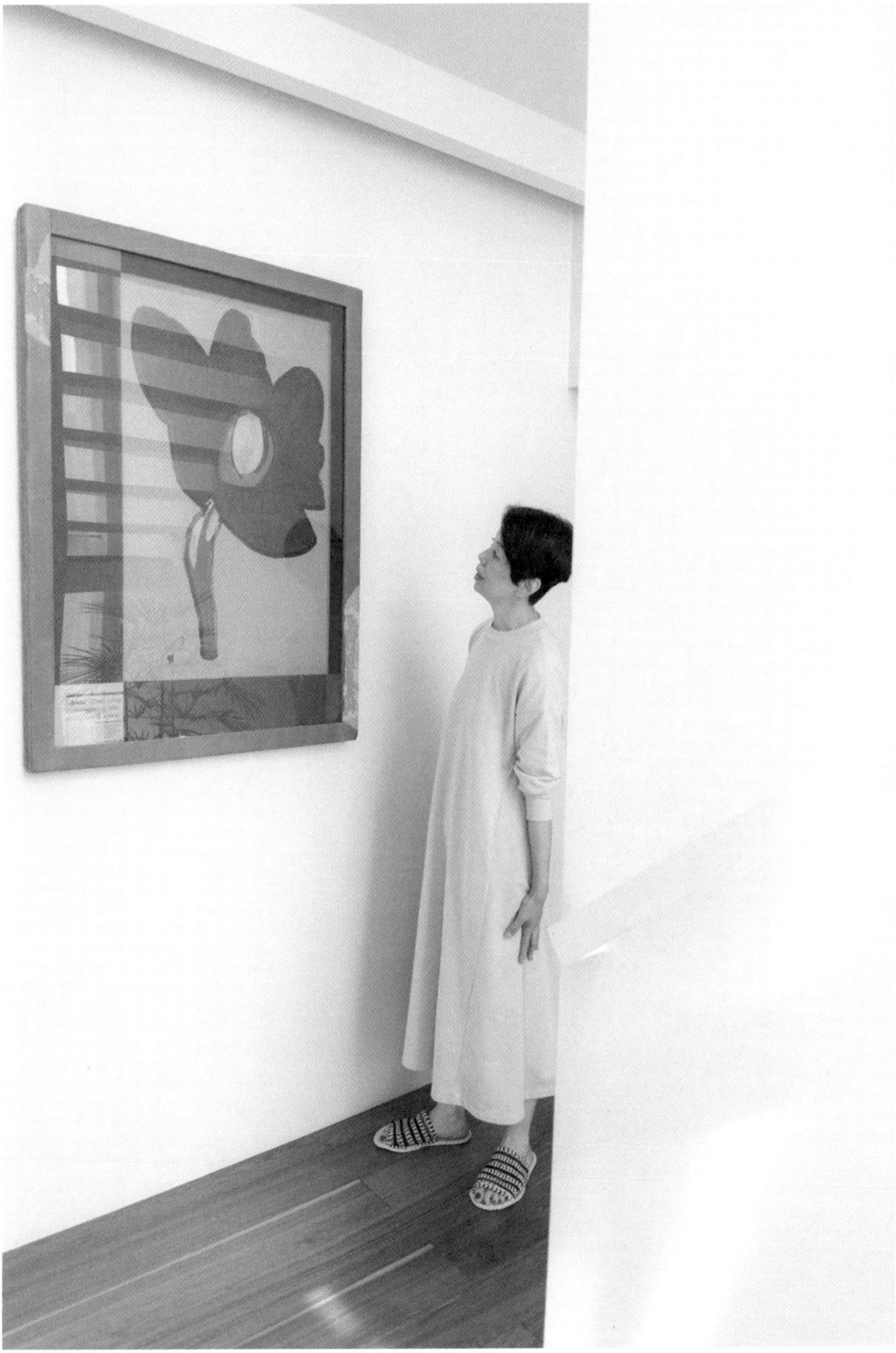

この絵の前を通るたびに温かさと強さを感じる、障害を持つ画家の作品。

励まされる思いで、私は看病に専念し、主人を送ることができたのです。

　お休みする前、サロンの生徒さんは158人いました。半年後にサロンを再開してみると……ひとりも欠けることなく、158人全員が戻ってきてくださったのです。あの日の光景は忘れられません。主人が亡くなって、この先どうしたらいいのだろうかと絶望的な気持ちになっていたけれど、みなさんの顔を見て、胸がいっぱいになりました。日本人の心の温かさです。みなさんの温かさに支えられて、自分がまた仕事の現場に立てることが震えるほどうれしくて、感謝の気持ちがこみ上げてきました。

　そして思ったんです。神様はいる、って。自分のまわりにいてくれる人が私の神様なんだ、って。

　人の体温がいちばんあったかい。植物は太陽の光や熱で育つけれど、私たち人間はまわりの人の体温を感じるから、生きていられるのではないでしょうか。私は外国人が生きていく大変さを実感する一方で、まわりにいる日本人にものすごく助けられて、ここまできたのです。そのことだけは忘れてはいけない、忘れられない。

　2020年にコロナウィルスの蔓延でサロンをお休みすることになったとき、生徒さんのひとりひとりにお手紙を出しました。その手紙を、生徒さんたちは〝お守り〟だと言ってくれます。手紙には体温が宿ると思います。私は手紙が好きです。

自分のことを〝北京原人〟と言っているぐらい私はアナログな人間です。だから、ホームページを作ることにはすごく悩みました。インターネットでは人の体温が伝わらないから、どうも乗り気になれなくて。電話一本あれば、みなさんとやりとりできるからそれでいいじゃない？と思っていた。ところが時代の流れは早く、メールやＬＩＮＥが主流になり、だんだん電話をかける習慣も減ってきました。やはりホームページは必要なのかな、と悩みながら8年前に立ち上げました。

次に悩んだのはインスタグラムです。コロナ禍でお会いできない生徒さんに毎日手紙を書くことはできないので、せめてインスタグラムで少しでも発信できればいいかな。ウーのやっていることに興味を持ってくださる方にも見ていただけるといいかな。そう思い、今年の3月にインスタを始めました。料理作りの動画も少しずつアップしています。

変化していく時代の中でも、人の温かさでつながれる世の中でありますように。そのために自分はどうしたらいいのかを、これからもずっと考え続けていきます。

# もしも孫が生まれたら……。なんにもない部屋でふたりきりで過ごしたい！

ある時期から「ママは38歳ですよ」でずっと通してきたのですが、もう、そんな冗談にも笑ってもらえず、まだ言ってるの？と呆れられる年齢になりました。

ずっと頑張って生きてきました。気持ちは人一倍元気だし、健康にいいものを食べてきた自信があります。そんな私でも最近はやっぱり疲れるし、からだの不調があちらこちらに出ていたりもします。だから、これからは頑張らない。そう思っているんです。

仕事は最後の最後まで続けたいです。料理を教える・紹介する〝現場〟にずっといたい。

なんにもない空間で孫と向き合ってみたい。ドキドキするかしら。

それも高いレベルを維持しながら仕事を続けていくのが、私の理想です。〝量も質も〟という今までのような働き方は、多分からだがついていかないでしょう。〝量より質〟ということを考えていかなければいけません。「頑張らない」けれど、クオリティを保ちつつ、さらに少しずつでも前進できる仕事の仕方を考えていくつもりです。

私ぐらいの年齢になると、自分のからだのこともそうですが、親のこともいつ何があるかわからない。北京にいる母に突然何かあったら、仕事を休んで、ずっとそばに付き添って最期まで見送るのもひとつの選択です。でもそのときになってみないと、将来のことは本当にわかりません。わからないからこそ、「頑張らない」ペースで生きていれば、これから現れる予期せぬことにも、ひとつひとつ大切に向き合える気がしています。

今の世の中、情報がたくさん溢れています。これからもますます情報量は増えていくでしょう。そんな時代の中で、何が自分に必要なのか見極めることはすごく重要です。

世間にあふれる情報よりも、トマトと付き合うことのほうが大事かな、って私は思うんです。キッチンに置いたトマトを毎日観察して、熟成の具合を見極めること。買ってきて食べちゃえばいい、ではなく、トマトのいちばんおいしいときを見極めて、それをどうやって食べるかを考える。生活の楽しさはそこにあるのだし、そういうことをしているほうが、情報を集めるよりも自分の頭がよくなると思います。生きるための感性が磨かれます。冷蔵庫をなんにもない状態にしておくことも同じです。情報と一緒で、冷蔵庫にものがたくさん入っていると、かえって何を作ったらいいかわからなくなる。何も入っていなければ、じゃあ、本当に自分が今食べたいものは何なのか、からだに聞くことができる。情報という外から来るものではなく、自分自身の中にあるもの、自分がすでに持っているものと向き合うことを、これからますます続けていきたいです。

そして今、私が楽しみにしているのは、孫が生まれたときのことです。息子が2020年の秋に結婚して、お嫁さんが来てくれたので、孫ができることが少し現実味を帯びてきました。

もしも孫が生まれたら、何にもない空間をつくりたいんです。家具もおもちゃも何もない空間。そこで、孫とふたりで過ごしてみたい。ふたりで向き合い、ばあばをよく観察して、私も孫をよく観察して、何もないところから何が生まれるか。きっと、何かが生まれる気がします。「さぁ、何して遊ぶ?」って、ふたりで考えるところから始めたい。その次は、白い紙と鉛筆を用意して……なんて勝手に夢想しています。

# 人生で大事なのは健康でいること、笑うこと。おいしいものを食べること。

この歳になり、いよいよ人生が楽しくなってきました。料理家として仕事を始めて20年以上が経ち、これからはがむしゃらに突き進むのではなく、自分が知っていること、自分のできることをより深くより確かにみなさまにお伝えしたい。そう思うだけでワクワクしてきます。

たとえば、中国のお茶のこと。あまりにも広く深い世界なので、今まで私はあまりお茶を紹介してこなかったのですが、やはり健康とお茶とのつながりは切っても切れない素晴らしい文化です。これを日本のみなさまに、ウー・ウェンらしくお伝えするにはどうした

お嫁さんが来てくれたので、私はただいま姑修業中。これも新しいチャレンジです。

らいいか、私自身も勉強しながら前へ進もうとしています。

そして今思っているのは、「これからはからだでいろいろ覚えていこう」ということです。本やネットで調べる知識だけでなく、いろんなところへ行って、からだで覚えたい。

旅が好きですが、旅に出られるようになったのはこの数年のことで、仕事と子育てに明け暮れた20年間は出張もままなりませんでした。だからこれからは自分の足で動けるかぎり、いろいろなところへ出かけて行きたい。北海道から沖縄まで全国に友人知人がいます。会いに行きたい。みんなが住んでいる土地を訪ねたい。そこへ行けば、たぶんいっぱい発見があると思います。食べ物のこと、暮らしのこと、住まいや道具のこと、川や森や畑など自然環境のこと……。人と風土と文化の結びつきに自分のからだで触れたい、知りたい、覚えたいのです。そのためには健康でいることが大前提です。

ちょっと言葉が乱暴かもしれませんが、生きることは、見方を変えれば全部めんどくさいことです。仕事にしても何にしても、次々に押し寄せる大小の事件（トラブル？）を解決していくのが人生だな、ってつくづく思います。人生は決して、自分の思い描いている通りにはなりません。

そんな中で、自分ができることは何か。それは自分のからだを守ることです。健康でいられるように日々を積み重ねることです。

健康は誰のものでもない〝自分のもの〟なんです。あなたが持っている数少ない〝自分のもの〟ですよ。だって考えてみてください。〝自分のもの〟と本当に言えるのは、ものでもないし、お金でも地位でもないでしょう。どんな時代になっても、どこへ行っても自分についてくるもの。それは自分の身に備わっている健康です。〝気持ち〟も自分についているものに思えますが……気持ちは残念ながら健康に左右されてしまいます。

健康という軸があれば、多少のことは気になりません。健康であればトラブルを吹き飛ばすこともできて、気分よく暮らせます。健康であれば、どこへでも出かけていけます。健康であれば、会いたい人に会いにいけます。健康であれば、笑っていられます。

そう、笑顔も数少ない〝自分のもの〟です。笑うことは、誰にも奪うことができません。笑っている人は強いのです。

だから思います。生きていくために大事なのは、健康でいること、笑うこと。そして、みんなでおいしいものを食べること。それだけあれば十分に幸せなんです。

〝自分のもの〟である健康は、毎日食べるもので作られます。だから、食事がとても大事。それをこれからもお伝えしていくのが私の役目で、とてもありがたくうれしい仕事です。

ウー・ウェン
中国・北京で生まれ育つ。ウー・ウェンクッキングサロン主宰。1990年に来日。友人、知人にふるまった中国家庭料理が評判となり、97年にクッキングサロンを開設。医食同源に根ざした料理とともに中国の暮らしや文化を伝えている。著書に『ウー・ウェンの100gで作る北京小麦粉料理』『ウー・ウェンさんちの定番献立』『大好きな炒めもの』(いずれも高橋書店)、『シンプルな一皿を究める丁寧はかんたん』(講談社)、『料理の意味とその手立て』(タブレ)など。
https://cookingsalon.jp/
[Instagram] @wuwen_cookingsalon

ブックデザイン　若山嘉代子 L'espace

写真　木寺紀雄

構成　白江亜古

編集担当　八木麻里(大和書房)

# 本当《ほんとう》に大事《だいじ》なことはほんの少《すこ》し
料理《りょうり》も人生《じんせい》も、すべてシンプルに考《かんが》える生活術《せいかつじゅつ》

2021年9月30日　第1刷発行
2024年5月5日　第11刷発行

著者　ウー・ウェン
発行者　佐藤 靖
発行所　大和《だいわ》書房
東京都文京区関口1-33-4
電話　03-3203-4511
本文印刷・製本　中央精版印刷
カバー印刷　歩プロセス


ISBN978-4-479-78541-5


http://www.daiwashobo.co.jp